別讓年齡剝奪你享受生活的權利

揮別空虛與孤獨感，人生的格局不應該受年齡限制，越老越要活得精采

傅世菁 著

在忙碌了[illegible]讓我們將生活改頭換面，[illegible]種全新而輕鬆的姿態重新出發！

崧燁文化

目錄

目錄

目錄

第六章　老有所醫：做自己最好的保健醫生

目錄

第八章　老有所樂：做一個「懂生活」的時尚老人

目錄

前言

記得有一則廣告，是一家人吃完飯以後在看電視，電視播放的是京劇。這時，兒子說：「不要看這個，看足球吧。」女兒說：「聽唱歌吧。」小孫子卻嚷嚷著要看卡通。在爭執聲中，老人悄悄地離開了座位。不久，發現老人不見後的兒子才問：「咦，爸爸呢？」

從這則廣告中，你有什麼樣的啟發？記得廣告最後有這麼一句：「關心長者，從細微處做起！」

今天，幾乎每一個家庭的物質問題都基本解決。然而，我們知道，每個人除了物質需求，還有精神需求。我們每天都有工作，需要與許多人交流，週末也會安排許多娛樂活動。老年人有更多的空閒時間，他們需要更多精神需求上的充實，然而我們年輕人卻往往忽略了這一點。

關愛老人，從生活細微處做起，所以，就有了這本書，一本為了老年人士還有老年人士的親人所寫的書。

前言

我們總是以為，老年人嘛，年紀大了，「心」也老了，只要吃飽喝足，無以他求。可是，「心靈的空虛」、「自我價值感的失去」所引起的失落感無時無刻都在折磨著老年人。善悟，才能遠離失落；遠離鬱悶，才能活得自在。善悟需要胸懷，需要智慧，也需要知識，更需要啟發和引導。

樹欲靜而風不止，子欲養而親不待。一個人一生中最大的遺憾莫過於此。在某則公益廣告中，年歲漸大的母親做了一桌飯菜等兒女們來吃飯，兒女們卻因為有事都不回家吃飯，母親那悵然若失的表情，不正是做兒女所丟失的最珍貴的親情嗎？在另一則廣告中，媳婦在為婆婆端水洗腳，孩子看到了也端水為媽媽洗腳。今日兒女對老年人的態度，就是明日孩子的榜樣，一個沒有孝道的家庭是不會和睦的。

人們在吃穿住行滿足後，更高級的需求則是被社會尊重以及充實的精神生活。偶爾，聽長輩們講過去的生活是如何艱苦，但還常常懷念那些歲月，他們所懷念的也正是人與人之間的和睦、互助以及精神生活上的富足。

人在步入晚年最大的需求是什麼？吃穿住等基本條件不擔心了，但他們的精神需求又在哪裡呢？大部分都在子女的生活中。多陪長輩們聊聊天，多聽長輩們的心思。老年人的安康是一個家庭的幸福，一個家庭的幸福是建立在子女的孝心孝行上的。如果到子欲養而親不待時，一切都晚了。

如果讓我在事業、金錢和父母之間做個選擇的話，我寧願把更多的時間留給和父母在一起，而不是長年待在外地賺錢打拚。因為在父母面前，我永遠是一個孩子，父母永遠是我的一片天，永遠是我心裡最深厚的寬慰、最堅實的依靠和最深切的牽掛。

在這裡，我更想告訴老年朋友們：

一個人老了，不代表人生即將結束，而是新階段的開始。年輕的時候為工作忙，步入老年的時候，我們可以為自己的生活做好規畫，為了能更好地享受老年生活而全方位儲備。

美好的生活屬於已準備好的人。老年生活裡，不再只有養鳥種花、安度晚年。生活中也不再是無所事事、精神萎靡。精彩的人生從老年開始，讓生活充滿期待和激情。學習新的技術、練習外語、考取專業技能

前言

證照等，或者為自己買車、購置房產，生活的精彩仍然可以在晚年中繼續實現。

生活本來就沒有固定的模式，想要什麼樣的生活，我們可以自己掌握。春有鮮花，秋有明月，沒有哪一個人生階段是遜色的。

謹把這本書獻給數以億計的老年人士們，請把自己還給自己；還有老年人士的親人們，關愛老年人，以他們為長輩、為閱歷豐富的人去尊敬他們；重視他們的種種需求，從細微處關心他們。我們要與老年人多談一談我們的工作，多聽取一點意見，多說一說我們所見所聞的趣人趣事，多關心老年人的精神需求，多表達一些我們作為晚輩的一份關懷。

第一章　老有所悟：為自己的心靈尋找一副良方

人到老年當感悟

老年人經歷過少年時代的苦讀、少年時期的努力、中年時期的奉獻。他們的皺紋中凝聚的是經驗與智慧，他們的銀髮上閃現的是老練和成熟。老年人辛苦一生，為孩子的成長付出心血，為家庭的幸福流淌汗水，為社會的輝煌貢獻出智慧和才能；老年是一個使人充滿敬重的字眼。

老年既是人生的一大轉折，亦是經歷漫長、艱辛跋涉之後，進入一個新階段的開始。人到了老年，容易回想過去，在撫今追昔時，心態極其複雜。年輕時，認為自己最需要的是事業和金錢；而老了之後，則認為健康比金錢更重要。年輕時，不珍惜時光，總覺得來日方長，過了今天還有明天；而老了之後，才痛惜時日不多，無法挽留。年輕時，認同養兒防老的傳統觀念，把希望寄託在兒女身上；老了之後，才知道更多時候靠的是自己，與老伴相依為命、相互關照。年輕時，充滿著對未來的想像和希望，然而離開社會之後，才發現許多事並不能如願以償，生活空間突然變得狹窄，失落感、孤獨感油然而生。有意無意的冷漠目光，會讓人有種人走茶涼的淒涼感，進而產生無盡的憂傷。

從坎坎坷坷中走過的老年人，在追憶流逝的歲月時，對人生當有更加透徹的感悟。人生苦短，歲月悠悠，人生一世，無論成功與失敗、歡樂與痛苦、盛衰與榮辱，都如自然流水。青春誠可貴，老年價更高。就算一個人已年過花甲，也值得擁有屬於自己的寶藏，值得人花一番功夫去挖掘。永遠不要認為不可能，雖然已遠離花季，但同樣有盛開的理由，只要自己有一顆輕鬆的心，幸福就會像花兒一樣盛開。當自己轉身面向陽光，陰影就會躲在身後。有閱歷可琢磨社會百相，有時間認識人間春秋，有知識可啟智導愚。一個最基本的事實是，在整個生命歷程中，人雖然不能決定生命的長度，但卻可以擴展生命的寬度，還可以增加生命的厚度，並由此而增強生命的分量。

人到老年，要過得舒坦，活得灑脫精彩，必須調整好自己的心態。環顧人間世事，太紛繁、太複雜了。品味人生旅途，太艱辛、太苦澀了。然而，細細分析可以發現，這太多的紛繁、太多的複雜、太多的艱辛、太多的苦澀，並不只是緣於社會，也並不只是緣於他人，更多的是緣於自己。所以，人要徹悟，首先應當同自己作戰。要謹防老年帶來的全新挑戰。人要活得自在，不要用自己的錯誤折磨自己，也不要用別人的錯誤折磨自己，更不要用自己的錯誤去折磨別人。所以，老年人要善待自己，也要善待別人。善待自己要做到三點：一，要學會習慣。社會上每天都會出現許多新鮮事，只要有利於社會進步，就要學著接受、習慣它們。二，要想得開。社會在變革之中，仍有許多不公平、不合理的地方，不要把個人得失看得過重，要允許事事有個完善的過程。三，要忘得快。人的一生，總會有無數的煩心事，但不要憂記於心，解脫得愈快愈好。

而在善待別人的準則上，概括來講就是三多：一，多看別人的長處；二，多記別人的好處；三，多想別人的難處。化誤解為諒解，化挑剔為寬容，心平氣和就能活得舒坦活得灑脫。人生如一條風花雪月鋪成的五彩路，征途漫漫，集大半生之閱歷，深知人生道路崎嶇，是進是退全憑自己掌握。雙腳不離大道，緊要關頭須要認清方向，兩眼直視前方，才不至於迷失前行的方向。跋涉的人生，明中有暗，暗中有明，無欲者則剛，有志者竟成；求索的人生，憂中有喜，喜中有憂，自強者樂，淡泊者無愁；多變的人生，哭中有歌，歌中有淚，作惡者招禍，為善者得福；多彩的人生，榮中有枯，枯中有榮，卑鄙者速朽，高尚者長青；燃燒的人生，苦中有甜，甜中有苦，奉獻者必榮，奮鬥者常舒。

人生有夕陽，事業無黃昏，莫道桑榆晚，為霞尚滿天。老年人應把老年作為人生的第二個春天，把退休視為老有所為的新起點，退而不休獻熱情，老而不老寫新篇，夕陽美景才會更燦爛。

擁有一顆年輕的心

人的生理年齡雖是不可逾越和變更的，但心理年齡是不可用生理年齡推斷的。一個人的生命從年輕到衰老，是無法抗拒的自然規律，但如何能延緩衰老，保持年輕的心態便是一副妙方。

曾經有一個哲人說過：「忘老則老不到，好樂則樂常來。」這句話說得很有道理。現在科學研究表明，人的心理機能對人體的各個器官有著極其微妙的作用。它可延緩機體的衰老過程。古人云：「壯心與身退，老病隨年侵」、「人老心先老」等，便是指人的心理機能與生理機能的辨證關係。延緩生理的衰老，就是要從心理消除衰老，就是「把老忘掉」。

讓一顆不老的心持續在生命中跳動，不僅可把晚年生活化作一片春暖花開，活著便也更有滋味。社會上常見一些精神抖擻的長者，交談起來，長者食非精細，居無豪宅，對物質的欲求相當寡淡，其心境卻無一例外地山高水長，享有人生風光的怡然極致。

從養生的角度上看，這種和諧社會所催生的、寶貴如金的心理年齡，是確保中老年人身心健康、青春永駐的最好伴侶。中老年人非但不必為自己的心理年齡而羞澀，感到彆扭等，相反地，應當感到鼓舞、理直氣壯、朝氣蓬勃地用自己的心理年齡去擁抱生活、擁抱生命，使生命之樹常青。要知道，年輕的心理年齡是最好的醫生。

如何擁有一顆年輕的心？首先應該學會遺忘。忘掉逝去的歲月，忘掉過去不開心的事。其次就是讓自己「忙」起來，讓自己有健康的愛好，有好的愛好，精神上就有了寄託，才能保持好的心情，人閒則懶惰，容易變得呆滯。而最重要的，就是要保持年輕的心境，要時時想一些開心的事，對生活永遠充滿新鮮感和樂趣，對周圍的事物充滿好奇心和求知欲。讓自己的心永保年輕，這樣「老」就不會成為人生的一大壓力。

在現實生活中，如果留心觀察，我們會發現一種很奇妙的「歲差」現象。至少有百分之九十以上的中老年人——這裡是指那些確鑿無疑的中老年人——他們的心理年齡，比他們的實際年齡要年輕得多。比如說，大多數中年人的心理年齡，始終滯留在他們的年輕時期。同樣，相當多的老年人的心理年齡，也一直「頑固而自信」地停留在中年時期。那麼，他們的心理年齡與實際年齡究竟相差多少呢？如果我們把每一個年齡段界定在二十到三十年的話，即三十到四十歲為青年，四十到六十歲為中年，六十一歲以上為老年。那麼，這一心理年齡階段的最低「歲差」，則為二十年。就是說，一個六十歲的老年人，他的心理年齡在四十歲左右。一個四十歲的中年人，他的心理年齡在二十歲左右——這是何等令人震驚的事情！更神奇的是，這種「歲差」現象，並非是這些中老年人忘記或者無視他們的實際年齡，故作年輕等，而是他們內在的心理年齡，不自覺地支配著自身的審美、判斷和個人行為。一句話，這種心理年齡是他們靈魂中的一個最大事實。

在現實生活中，我們常常會發現有一些人，他們熱衷於打扮，很活潑、很青春。如果有人問及他們的年齡時，他們時常會將自己的年齡刻意調低，比如，把六十說成五十，把五十說成四十——這絕對不是惡意的謊言，而是一種心理現象。相反地，如果你想得知他們的實際年齡，其反應通常會有一兩秒鐘的遲疑，最後才透露出實際年齡。一般人都把這種現象理解為當事人的害躁，但其實是錯誤的。

實際上，中老年人只要進人「中」或「老」的實際年齡後，便同時進入了和自己的心理年齡糾纏不清的階段。他們會表現得和年輕人一樣，放聲高歌、翩翩起舞，喜歡遠足和聚會，也喜歡拍照和時髦的髮型、服裝、裝飾品等等；甚至，在他們的心中，裡頭仍嚮往著愛情。因此，當得知某位老年人再婚或者再戀，不要以為他們是「不服老」，而是他們始終都活得很年輕。

一個充滿朝氣的時代，也是年輕的心理年齡蓬勃發展的時代，心理年齡繁花似錦的時代，恰恰是這個時代的生活品質提高的有力證明。很顯然，開明、和諧的社會，對心理年齡是有著龐大的滋養作用。所以，從養生的角度上觀察，這種和諧社會所催生的的心理年齡，是確保中老年人身心健康、青春永駐的最好伴侶。要知道，年輕的心理年齡是最好、也最經濟的保健醫生。心理年輕，人就年輕。

著名作家冰心曾說過這樣一句話：「如果你簡單，那麼這個世界也就簡單。」試想，襟懷如此樸實無華、豁達，為人處世自是雲淡風輕。這是一種多麼自由自在的生存狀態！在成語辭典裡有好多以「老」字起頭的成語，其中最得我心的是「老當益壯」和「老馬識途」。我想，唯有「識途」之後，老馬的「益壯」才真正於人於己均有益吧。

放下，是另一種擁有

生活中的物和情都一樣，把心清空了，才能讓更美好的事物進來，進來後也才能有更寬闊的空間容納。

比如有一位老先生，他非常喜歡吃糖，總是擔心糖被別人偷吃，所以將糖放在一個密閉的罐子裡。直到有一天，女兒正忙著工作，突然聽到父親驚呼，連忙跑去查看。

「我的手，我的手！」

放下，是另一種擁有

「手怎麼了？」女兒打開了燈，才發現父親的一隻手困在罐子裡拔不出來。然而女兒使盡力氣也無能為力，只能拿來一把錘子，把罐子敲破。罐子碎了，父親那一隻纖瘦的手正牢牢抓著大把的糖果，才堵在了狹窄的瓶頸口。

貪心使老父親失去的更多。「放下」才能使人擁有最渴望的事物。

再舉一個例子；女人的衣櫃總是太滿，可是喜歡的衣服就那麼幾套，每次選擇衣服時，都要來回琢磨許久。如果利用一個假日，把不喜歡的衣服整理打包，衣櫃便寬敞許多，想穿的衣服伸手便可取到，多麼容易且心滿意足。

有人說，人成熟到了一定的程度，不應該再拚命地做「加法」，而應該懂得用「減法」，回到原點，找回自己。

捨得便是要捨才得！放下，有時的確是另一種擁有！這不是什麼哲學名句，只是一個普通的道理。有一位木雕師說過同樣道理的話：「快樂的關鍵不在於得到更多，而在於你願意放棄什麼。」就如一塊木石，在匠人的雕刻下似乎是耗損、分離，但其實每一片材料削落的當下，正是一座絕美雕刻品誕生的前奏。

利用假日，拉開所有抽屜、打開所有櫃子，把一些舊光碟、不再使用的手錶、沒水的原子筆等，把不值得收藏的東西，都放進垃圾桶！還自己一個整潔清爽的環境。

說到此，讓我想到了清代一個著名的布袋和尚的詩句：「來也布袋，去也布袋，放下袋何其自在。」

人生就是單程旅行

不久之前，我跟一位在殯儀館工作的朋友聊天時，他談到了對於人生的感觸。對於死者來說，雙眼一閉等於一了百了，送到殯儀館辦理手續，再由工作人員抬上擔架，讓親人做最後的告別，接著工作人員按下按鈕，死者便被送進了高溫火化爐，十幾分鐘的過程裡，一個完整的人便化作骨灰。這是一個生離死別的時刻，對於活著的人，自然是痛苦萬分。而對於死者，世間所有的一切，與他還有何關？想想平日裡用盡全力得來的名和利、房與車，一件也不能帶走。窮也好，富也罷，隨著一縷白煙裊裊升空，一切都歸於平靜。只是那些活著的人，照樣為名為利奔波勞碌，彷佛他們永遠不會明白：「良田萬頃，日食一升；廣廈千間，夜眠八尺。」

閒聊的時候，這位朋友又跟我講了幾件工作中的事情。某天殯儀館第一筆「生意」，是位二十歲的年輕女孩。據悉，她剛從護校畢業，分配到某間醫院當護理師，任職第三天，這位年輕女孩便坐上男友的摩托車一起去鄉下兜風。鄉間的路並不寬敞，女孩的男友眼見鄉下沒有什麼人，便逐漸提高摩托車的時速。豈料樂極生悲，道路中間有一塊石頭，因為車速太快，摩托車來不及避閃，便徑直衝了上去，在重力加速度的情況下，摩托車重重地撞上路旁的電線杆上。女孩的男友身負重傷，後座的女孩則當場斃命。當女孩的遺體送到殯儀館時，全身血肉模糊，容貌更因為撞擊的力道而幾乎全毀。其父母痛不欲生，捶胸頓足地哭著嘶吼道：「你……你好狠心啊！」

事隔兩天後，工作人員又遇到了一件事情。有一位死者按操作程序，應該被送往火化爐進行遺體火化。但在這節骨眼上，卻不見死者的任何親屬到場送別。這是不正常的現象。生死事大，為何會無親人來送死者最後一程呢？於是趕緊找到一位瞭解內情的人打聽情況。原來，死者生前是一名位高權重的局長，本屬壯年時期，卻因死得突然，沒有人做好準備，死者也沒有留下任何處理個人財產的遺囑。死者各自與現任前任生下的兩名兒子，都在為財產分割的事大動干戈。所以根本沒有時間來處理死者的後事。死者生前作為局長，是何等的風光榮耀，出門前簇後擁，威風八面，不料死後卻落得如此淒涼的下場。

一個人被送到殯儀館，表示他的人生已經走到了盡頭，生命打上了休止符。送走死者，再反過來看看我們這些活著的人，路擺在面前，我們還得繼續往前走。「逝者如斯，竟成千古，人如可做，重訂三生。」但這只是假設，而實質呢？人生是一次單程旅行，有去無回，不能打草稿，也沒有彩排戲。

英國作家雪萊說：「過去的已屬死神，未來的屬於你自己。」是的，過去的只是借鑒，現在的才是根本，未來的已經明確，就看你是什麼心態，如何走好人生的每一步了。

對每個人來說，死亡最終都將降臨。但它何時降臨，以何種方式降臨，我們並不知道，可作為人生的終結，卻向我們昭示了個體的有限、唯一和不可逆轉。這是一次單程的旅行，無論你情願與否。

我們要帶很多東西上路。許多東西與生俱來，我們唯有接受它；許多東西偶然得來，我們是否應當珍惜？甚至包括工作、朋友、愛情、家庭、孩子……那麼，什麼才是我們自己？什麼才是真正的自我？也許唯有在旅途中，在與他人的真實交往中，我們才能看清。

雅斯貝爾斯說過類似的話：「唯有交往才能使你成為你自己。個性唯有在與他人的交往中才能得到充分的展示和肯定。雖然我們不能彼此替代，可我們仍樂意彼此分享，在分享中沖淡人生的孤獨。用堅強豁達的心靈，堅定而溫婉地信任和尊重他人，對人生的荒誕和不確定性有深刻的憐憫，若我們擁有了這些心態，所有的孤獨也就不再那麼可怕和令人絕望了。人生，也許就不虛此行。」

老年人也要會感恩

生命的整體是相互依存的，每一樣東西都在依賴其他的東西。人自從有了自己的生命起，便沉浸在恩惠的海洋裡。

傳說，有一間寺院的住持，給寺院裡立下了一個特別的規矩。每到年底，寺裡的和尚都要對住持說兩個字。第一年年底，住持問新和尚心裡最想說什麼，新和尚說：「床硬。」第二年年底，住持又問那個新和尚心裡最想說什麼，新和尚說：「食劣。」第三年年底，新和尚沒等住持提問，就說：「告辭。」住持望著新和尚的背影自言自語地說：「心中有魔，難成正果，可惜！可惜！」

住持說的「魔」，就是新和尚心裡無止盡的抱怨。新和尚只考慮自己要什麼，卻從來沒有想過別人給過他什麼。像新和尚這樣的人在現實生活中有很多，他們到處都看不慣，抱怨連連，牢騷滿腹，總覺得他人虧欠自己，卻從來感覺不到他人和社會對自己的生活所給予的一切。這種人的心裡只會產生抱怨，不會產生感恩。有一位哲人曾說：「世界上最大的悲劇和不幸就是一個人大言不慚地說：『沒人給過我任何東西。』」

不久前去看望老朋友，對方向我訴說子女不夠孝順，埋怨公司照顧不周，他們退休後的生活過得不舒心。然而老年人的退休生活是否舒心，有諸多方面的原因，但對老年人來說，很重要的一點是學會感恩。

有些老年人總認為自己奮鬥過、奉獻過，現在退休了，就應該享福，心中缺少感恩之念。所以，稍有不周，就會怨天尤人，牢騷滿腹，感覺所有人都對不起自己。這是一種「理所當然」的心態在做怪。感恩是一種健康的老年觀。人到老年，大都退出了工作崗位，已成為別人勞動果實的分享者，成為別人的服務對象。所以，對人對事應常懷感恩之心，常存感激之念，常有感謝之情。因為人和人之間有一種互利互惠的關係，以感恩的心態對待別人，別人才會以同樣的心態對待自己。這樣

老年人也要會感恩

就會發現晚年生活也可以如此美好，晚輩是如此可愛溫暖，人間自有親情在，生活處處有陽光。

感恩也是一種養生之道。養生從大的方面來說，不外乎生理養生和心理養生兩個方面。心懷感恩的人，才能更多感受到生活的幸福和美好，進而心情舒暢，精神愉快，健康長壽。心理專家認為，老人如保持舒暢的心情，體內新陳代謝和內分泌調節將處於良好狀態，能夠延年益壽。古今中外的養生實踐也證明，心懷感恩壽自長。

感恩是一種美好的人生態度。人在世上走一遭，心存感恩很重要。在家應感恩賦予自己生命的父母，在校應感恩教導自己的教師，在公司裡應感恩支持自己工作的主管和同事，在社會上應感恩那些幫助、關心、愛護你的人。尤其人到老年，對他人的服務更應懷著感激、感恩、感謝的情懷，他人才樂於為自己服務。

如果在我們心中有一種感恩的思想，則可以沉澱許多浮躁和不安，消融許多不滿與牢騷。老年人能知道感恩、學會感恩、生活在感恩氛圍中，自然心中少煩惱，眼中有快樂，身體健康，生活幸福。

人有了不忘感恩之心情，人與人、人與自然、人與社會也會變得更加和諧，更加親切。我們自身也會因為這種感恩心理的存在而變得愉快和健康起來。說它是滋潤生命的營養素，一點也不過分。

人生是一種承受

人生是一種承受，需要學會支撐。支撐事業，支撐家庭，甚至支撐起整個社會，有支撐就一定會有承受，支撐起多少重量，就要承受多大壓力。所以，從某種意義上說，生活本身就是一種承受。

承受痛苦。就人生而言，痛苦常常扮演著不速之客的角色，往往不請自來。有些痛苦來得緩慢，如同黃昏之後的黑夜，在不知不覺間你會感到冰冷和黑暗；有些痛苦來得突然，如同一陣驟雨、一陣怒濤，讓我們來不及防範。當我們屈服於痛苦的時候，它可能使我們沮喪、潦倒，甚至在絕望中走向滅亡。但當我們承受了痛苦，我們就會變得堅強自信，那麼，此時，痛苦就變成了一筆無價的財富。

承受幸福。幸福需要享受，但有時候，幸福也會輕而易舉地擊敗一個人。當幸福突然來臨的時候，人們往往會被幸福的旋渦淹沒，從幸福的巔峰上跌落下來。承受幸福，就是要珍視幸福，而不是一味地耽溺其中。如同面對一壇陳年老酒，一飲而盡往往會爛醉如泥不省人事，只有細細品味，才會得出真正的香醇甜美。

承受平淡。人生中，除了幸福和痛苦，平淡占據了我們大部分生活。平淡如同一杯清茶，點綴著生活的寧靜和溫馨。在平淡的生活中，同樣需要一份堅韌和耐心，我們需要承受淡淡的孤寂與失落，承受揮之不去的枯燥與沉寂，還要承受遙遙無期的等待與無奈。

承受孤獨，會使我們加倍珍惜友誼；承受失敗，會使我們的信心更加堅定；承受責任，會使我們體會到誠實與崇高；承受愛情，則會使我們心靈更充盈、完美。當我們終於學會心平氣和地去承受時，那麼，我們的人生就達到了一定的高度。

關於生存的態度：善待生命

「生」對人而言，可謂意義重大。人，既生於世，首要考慮的問題就是該怎樣活著。人生大致可分為生存、生活、生命三個層次，每個層次帶給你的感受是截然不同的。但情況往往是這樣，許多人用盡全力馳騁於人生的疆場上，到頭來卻不知自己該活在哪一個層次，為此半生無味。

一個從事推銷業務的朋友，他每天為了生活忙忙碌碌地不停奔波。他說，他時刻擔心如果自己業績不佳，會被公司資遣。有一天，我與他探討如何苦中作樂，如何尋找工作意義。我問他：「人生有生存、生活、生命三個層次，你覺得自己活在哪個層次比較多？」已近不惑之年的他，還算是一個性格爽朗、心胸開闊的人，可是當沉重的壓力壓在身上時，卻容易走進死路而不肯回頭。

他思索了好一陣子，有些憂鬱地說：「在家裡，我和家人就是吃飯、睡覺、看電視，好像多半處於『生存』的層次，和同事能多聊一會兒，應該『生活』層次多一點；『生命』層次是什麼？我不太懂，我想不是很重要吧。」

他現在已經沒有心情顧及別的東西，養家糊口成了他生活的全部。但我認為他之所以不快樂，與他本末倒置的生活狀態有關。為此我又問他：「當孩子回家，通常你會怎麼做？」他回答：「我會說：『回來了。』要不就是看他一眼，再繼續看電視。」

「你覺得這屬哪個層次呢？」我問他。

「生存層次。」他回答得很俐落。

「所以，缺少了『生活』層次的互動學習，也缺少了『生命』層次的關懷與分享……」我有些遺憾地說道。

「噢！」他恍然大悟。「我知道了，以此來看，我工作上的壓力也是緣於此了。我與客戶交流時，只停留在『生存』層次的『賺錢』目的上，所以過程總感覺相當困難，壓力也就自然地產生了！」

「對！」我鼓勵他。「如果不是只為了『生存』而賺錢，還能為了『生活』而成長，為了『生命』而樂於分享，那口子就會好過得多了。」

其實，活著就是這樣，不管自己活在哪一個層次上，久而久之都會衍生出焦慮和壓力。唯有三者合而為一，在生存的基礎上多一點生活的韻味、生命的色彩，人生才能盡顯其繽紛和絢麗。

生命的好壞在於自己是否用心去體會。沒有任何事可以成為結束生命的理由。生命是寶貴的，只要生命始終保持一種積極的目的與嚮往，把生命的每一個細節都細細地咀嚼，生命就會永遠鮮活而多彩。

我不知道世界上有什麼困難會擊倒一個人，我也從來沒有為這個問題做過多的考慮。直到有一天，我面對一個因事業失敗而自殺的人時，我才開始認真思索，一個人最大的敵人是誰。

有一位老者向我講述了他的故事：「我年輕的時候也曾因為受到一點挫折想過要自殺。一個晴朗的早晨，我趁妻子和孩子仍在熟睡，便悄悄起床，拿了一根繩子來到樹林裡，走到一顆結實的櫻桃樹下，我想把繩子掛在樹枝上，甩了幾次也沒成功，於是我就爬上樹去。樹上掛滿了櫻桃，我摘了一顆放進嘴裡，真甜啊！於是我又摘了一顆。我品嘗著櫻桃的甜美，直到太陽出來了，萬丈金光灑在樹林裡，陽光下的樹葉隨風搖曳，滿眼是細碎的亮點。我第一次發現林子這麼美麗，這時有幾個準備去學校的小學生來到樹下，讓我摘櫻桃給他們。我搖動樹枝，看見孩子們快樂地在樹下撿起櫻桃，然後蹦蹦跳跳去上學。看著他們遠去的背影，我突然發現生活原來還有那麼多的美好等我去享受，我為什麼要早早地離開它呢？於是我便收起繩子回家了。也是從那之後開始，我再也不想自殺了。」

在聽完老者講述的時候，我似乎不是在聽一個人講述自殺，反倒像是在聽一個人描述美好的早晨，我也完全被他眼中的美景迷醉了。生活的確有很多美好，就看自己是否用心去體會。人的一生中，困難、挫折是不斷出現的路障或陷阱，有時令自己防不勝防。諸如失戀、失業、無家可歸，種種不幸常常讓人產生尋死的念頭。

難道這些不如意真的嚴重到危及生命嗎？其實，仔細想來，人最大的敵人還是自己。

有時候，當我們經歷了人世的喧囂而渴望一種平靜的狀態時，當我們在世俗的激流中沖洗、打磨而變得圓潤、成熟時，我們的心境，就會像一片廣闊無際的曠野，心靈的深處就會呈現一片自由而高遠的天空。

生命是極為美好的，處在逆境中的人卻常常忽略了這一點。而那些真正與死神擦肩而過的人，才能豁然感悟生命的真諦。人生要有價值，必須珍惜生命。世界上最大的兒戲，莫過於拿生命開玩笑：飽食者無所用心，飢寒者得過且過，當權者為所欲為。生命是個人的，但絕不要把它僅僅看作是自己的，否則，就未免過於狹窄。應當明白，一個人只要還活著，他的生命就屬社會，僅僅珍惜自己的人未必都能珍惜生命，只有同時珍惜社會的人才能真正珍惜生命。健身是保護生命，有病及時治療是愛護生命，但唯有絕不虛度人生，才能真正算作是珍惜生命。

在平凡中誕生、成長，在沒有浮躁和喧嘩的地方老去、消亡。經歷了世間的滄桑和世俗的繁瑣，為曾經歷或正在經歷的生命深處的困惑而變得堅強和果斷；為曾經擁有銘心刻骨的痛苦經歷而自豪；在失敗的苦難中自勵，在成功的喜悅中自省。這就是我們能夠真正面對現實的緣由。所以，我想對老年朋友說：「老年人更應該善待生命。」

心理和諧——夕陽下的康乃馨

俗話說「老小老小，越老越小。」老年人真像這句話所說，變得像小孩一樣任性、固執、易怒和健忘，這在心理醫生眼裡就可能成為一個心理疾病患者。我們對老年人的身體健康給予了相當大的關注，然而老年人的心理健康還是個被遺忘的角落。

人到老年後，由於身體的生理變化與周圍環境的改變，心理不平衡後很容易生氣，有時會誤解子女的好心，這種情況在家庭生活中常會發生。一個人的心理平衡是指在受到外來刺激時所進行的與外來刺激相適應的心理調節。只有心態平衡，保持自身的心理健康，才能健康長壽。

那麼，老年人心態如何保持平衡呢？我認為必須做到「五個要」。

一，要服老，接受「人老了」這個事實。對老年人來說，歡度晚年是首位，有了健康的身體，自己安心，另一半和兒女們也放心。發揮熱情是老年人生活中的目標，但絕不要去做力所不及的事情，給自己身心造成傷害，也給晚輩們帶來麻煩。

二，要解脫，從「遺憾」的陰影中走出來。每個老年人都有自己的過去，有光彩的業績，但也會有不少遺憾之處。有些老年人，在過去時位居職位，有權在手，可以說一呼百應。然而退休之後，難免會有失落感。人世間，無論是官還是民，一生中總會受到一些挫折，有一些遺憾的事，但我們要向前看，善於從這種遺憾中解脫出來。解脫不僅僅是心態平衡的一種表現，而且也是一種自我保護的好辦法。俗話說：「退一步考慮問題，海闊天空，萬事要想得開，比上不足，比下有餘。只有自我滿足，才能擺脫遺憾，解除煩惱，心情才會舒暢，才會有健康的身體。」

三，要寬容，既寬容自己，也寬容別人。寬容自己，就是要自己認識自己。當人老了，身體的各種器官逐漸老化，功能下降，思維能力減弱，處理事情的做法，不能與年輕人比，也不能與自己年輕時相比，接受自己的不足之處，接受不如年輕人思想活躍這一現實。只有寬容，才能達到高層次的心態平衡。同時要學會寬容別人，不要以自己年輕時或在位時的要求，去強求現代年輕人要做什麼，或者不做什麼。對年輕人的教育要注意引導，因為現代社會的環境隨時在變化，現代生活的條件也隨時在改變。老年人有時認為的做法和說法，往往跟不上時代的發展。

四，要控制，控制自己的情緒。中醫歷來強調「少思慮以養神，絕私念以養心」。精神刺激、情緒激動和多思多慮，往往是導致老年心病發生的根源，老年人過度興奮、焦慮、緊張也是發病的誘因。要注意控制自己的情緒，養成豁達大度的胸懷，以及樂觀向上的心態、爽朗的性格和怡悅的情懷。老年人要學會「做小」，與鄰居、同事和周圍的人友好和睦相處，不要倚老賣老。多多參加社會舉辦的公益活動，廣交朋友，保持歡愉的心態。

五，要換位，就是換位思考，換個角度考慮問題。老年人在家庭中不能處處都以老自居，處理問題時，避免居高臨下地對子女指手畫腳。處理家事，協商是最好的「調色板」。有時一件事情的處理過程，老年人要站到子女角度去思考，否則一旦自己的意見得不到採納，便會失去心態平衡，從而影響身體健康。

從工作到退休養老，這在人的一生中是個非常大的轉折。剛退休的時候，不少人都感到不太適應。因此，要做到心理和諧，就必須做好「角色轉換」，實現「平穩過渡」。尤其是任職過上級主管、曾掌握實權的人，更要在自己大腦上按下「刪除」鍵，將自己是「主任」、「局長」、「書記」之類的概念通通刪除。用平常心去看待周圍的人事物，理性地對待社會現實。經過這樣的「更新」，心態自然就平衡了。曾有一位朋友向我講述了「退火功」的故事。當他剛從主管位置退下來的時候，經常愛發脾氣。直到他的一位老長官指出他「火源」主要在於「官念」未除，並要他一日默唸三遍「我是普通人」這句話。結果一月未滿，心中的那把無名火被滅掉了，整個人變得神清氣爽。這個故事讓我開始省思，如果自己心中還有「火源」沒有熄滅，也不妨學學那位朋友，花點時間練練「退火功」。

要做到心態平衡，就不要耿耿於懷自己過去在人生道路上的失落和坎坷。人非聖賢，一生中難免有失意、失勢甚至失敗之事；也難免有身處逆境甚至被冤之時，人已退休，如果還為這些事懊惱不休，心態怎麼會有和平的那一天？發展下去的後果是可想而知的，只會讓負面的情緒慢慢地蛀蝕自己的心理健康。所以人要學會把那些令自己不愉快的事情通通拋諸腦後，只記得以往的成功之處和得意之時，並構想晚年的美好前景，培養自己的愉悅心情，這才是正道。

要做到心態平衡，還有一個「大忌」，即忌諱攀比。由於退休前的職務不同，職業不同，所在的公司不同，退休後所享受的待遇自然也就不完全一樣，這是一時無法改變的社會現實。如果拿自己同享受待遇更高的人相比，拿自己公司同條件更好的公司相比，就必然造成心理上的失衡。有中醫理論說：「心不平則氣不順，氣不順則肝心損」，這可是老年人要特別注意的。我們是否可以給自己提出這樣的口號：「為了健康，遇事糊塗一點，生活瀟灑一點，待人大度一點，心境寧靜一點」。在物質利益上做了「減法」，在身體健康上做了「加法」，這樣的方程式必定順利且成功。有一聯語云：「事能知足心常愜，人到無求品自高。」倒不妨將此話記取在心，有助於促進心態平衡。

擁有希望，生命之樹才能長青

人到晚年，知交半零落，門前車馬稀，這在所難免，「日月逝於上，體貌衰於下」更是不以人的意志為轉移的自然規律。這時最不可少的是擁有希望，有所追求，使生命之樹永保青春！法國著名小說家莫泊桑曾說：「人生活在希望之中。舊的希望實現了，或者泯滅了，新的希望的烈焰隨之燃燒起來。如果一個人只是過一天算一天，什麼希望也沒有，他的生命實際上也就停止了。」

「落日心猶壯」。老年人有老年人的優勢，老年人豐富的閱歷就是寶貴的財富。比如讀書，清代文學家張潮在《幽夢影》中有段十分精闢的論述：「少年讀書如隙中窺月，中年讀書如庭中望月，老年讀書如臺上玩月，皆以閱歷之淺深為所得之淺深耳。」的確如此，少年時已背得滾瓜爛熟的古詩，常常到老年時方能領悟其中的真諦，年輕時讀《紅樓夢》、《紅與黑》、《復活》，與老年時再讀的理解淺深迥然有別。

再說學習與工作。明代文學家兼戲曲家馮夢龍說過很有哲理的話：「早成者未必成，晚達者未必不達。不可以年少而自恃，不可以年老而自棄。」

馬克思五十一歲時開始學習俄語，由於過人的勤奮，僅半年就能閱讀俄文原著。馮玉祥一九四六年去美國時已是年過六十的老人了，但仍以頑強的毅力學習英語，半年後他就能用流利的英語向美國人發表演說。以「天道酬勤」為人生格言的齊白石，在九十三歲高齡時仍畫了六百多幅畫作。作家兼詩人徐遲，在暮年時自身創作進入了巔峰狀態，完成了長達七十萬字的自傳體小說《江南小鎮》，還有《楚王妃復甦記》、《神「計」妙算小型機》等十多萬字的報告文學和科幻小說。

人生有朝陽也有夕陽，但朝陽與夕陽之間的差別就那麼一點點。一個人老氣橫秋，即使十八歲也與夕陽沒有兩樣，反之，如果始終能保持精神抖擻，即使是八十歲也可謂朝陽東升。從地球的另一面看，西下之夕陽就是東升之朝陽。由此，我們明白了一個道理。黃昏也是啟航之時，老年亦是人生的黃金時期。

冰心在八十歲的時候，曾寫下「生命從八十歲開始」這句令人感動的話。在之後八年的時間裡，她創作的散文、回憶錄、小說、評論等達八十多篇，簡直是一個生命與創作上的奇蹟。冰心以自身的辛勤，創造了生命旅程的一個輝煌，也成就了她晚年的魅力。美國哈佛大學一位心理學家測試過一千六百個從二十五歲到九十二歲人們，其各自擁有的推理能力、記憶力和判斷力，發現八十多歲的人甚至表現得和三十多歲的青壯年同樣良好。

我們當然要正視年老可能出現的身體衰退，但我們同樣也可相信保持蓬勃向上的心態，生命自可繼續發揮能量。由「生命從八十歲開始」，聯想到對生命的珍惜，生命的每一個時期都有其獨特的魅力，關鍵是我們是否始終如一地善待人生。

「壯心未與年俱老」，「歲老根彌壯，陽驕葉更陰」。擁有希望，不斷追求，生命之樹就能長青！

不要抱怨生活

抱怨最大的害處就是容易破壞人的心境。人需要寧靜，但抱怨卻會招來煩躁；

人需要熱情，但抱怨卻會導致冷漠；人需要自信，但抱怨卻會讓自己感到自卑；人需要快樂，但抱怨卻會讓自己鬱悶；人需要希望，但抱怨卻會讓自己看到一片荒涼，甚至是絕望。所以，生活裡不要抱怨，要學會去寬容周圍的人，以及發生在周圍的事。

一位老母親在自己五十周年結婚紀念日那天，向來賓道出了她保持婚姻幸福的祕訣。她說：「從我結婚那天起，我就準備列出丈夫的十條錯誤，為了我們婚姻的幸福，我向自己承諾，每當他犯了這十條錯誤中的任何一項的時候，我都願意原諒他。」有人問，那十條錯誤到底是什麼呢？她回答說：「老實告訴你們吧，五十年來，我始終沒有把這十條錯誤具體地列出來。每當我丈夫做錯了事，讓我氣得直跳腳的時候，我馬上提醒自己：算他運氣好吧，他犯的錯誤是我可以原諒的那十條錯誤當中的一個。」

這個故事告訴我們：在漫漫旅程中，不會總是豔陽高照，鮮花盛開，也同樣有夏暑冬寒，狂風暴雨。面對生活中的矛盾或挫折，如果能像那位老母親一樣，學會寬容和忍讓，你就會發現，幸福其實就在自己的身邊。

寬容生活就是善待自己。人到中年，忽然間離開熟悉的職位，失落、無奈和空處都一起湧上心頭，彷佛自己一下子被世界遺棄了。當自己茫然地走在街頭，抬頭間，一輛自行車迎面駛來，令人驚詫的是，騎乘者左手握住車把，右手提著拐杖，只有一隻左腳在努力踩著腳蹬，他的另一條褲管在風中飄蕩。就在你們交匯的一剎那，兩人的眼光產生連結，他對你笑了一笑，算是對你驚訝表情的回答。目送他駛離之後，你會發現自己是多麼富有——你有兩條腿，你能自由地行走，這個時候你或許會為自己的不知所措感到慚愧。

在漫長的人生道路上，不如人意的事常常發生。如果我們因為種種挫折而心灰意冷、備受煎熬，那麼人生還有什麼滋味？既然不可避免的事實已擺在你面前，你就必須坦然面對，接受並且適應它。

俗話說：「一個悲觀的人，把所有的快樂都看成不快樂，好比美酒倒入充滿膽汁的口中也會變苦一樣。」其實，生活中的幸福與困難，並不在於降臨的事情本身是苦是樂，而要看我們如何去面對。如果認為自己很可憐，讓痛苦爬滿全身，生活就會真的很痛苦；如果相信自己很快樂，並且積極地去生活，那麼生活也就真的很快樂。當探險家艾迪．雷根伯迷失在太平洋裡，在救生筏上整整漂流了二十一天而獲救後，他學到的最重要的一課就是，「如果你有足夠的淡水可以喝，有足夠的食物可

不要抱怨生活

以吃，就絕不要再抱怨任何事情。」

不要抱怨生活，要學會善待生活，寬容生活。要做到這些並不是容易的事情，以下幾點可供參考。

首先，如果你遇到了不如意的事情，能夠補救的應該盡量補救，無法改變的就將其放下。重要的是要調整好自己的心態，去做當下最該做的事情。只要把你該做的事情做好，你就會感到充實，有成就感，你就能覺得踏實。

其次，千萬不要把不順心的事情掛在嘴上。因為這樣不但不能改變事情本身，還會增加許多新的麻煩；不但不會把自己的心情調整好，反而會把自己的心情搞得更糟糕，身邊的人也會覺得過於負面而拒絕親近。

第三，一定要從心底裡明白，有人生就會有煩惱，有煩惱才是正常的人生，一點煩惱也沒有才是不正常。如果你希望自己的人生沒有煩惱，那就如同希望沙漠裡沒有沙子一樣。

第四，能夠從根本上治癒抱怨的心理疾病，最好的藥方就是學會寬容。擴展自己的胸懷，一個人的心有多大，他的世界就有多大。

記得一位哲人說過：「生活不缺少美，而是缺少發現，缺少洞察和徹悟瑣事的能力。」懷著一顆寬容的心去生活，即使是平庸的日子、平常的生活、平凡的人生，細細品味，也能品出那雋永醇厚的滋味來！

遺憾本身也是一種財富

人的一生，要經歷許多的風雨，要感受許多的陽光，無論物質還是精神，總會得到許多，也終會失去一些，不可能如己願、順己意地滿足一切需求。漫漫人生中，誰都會有遺憾。而對於那些遺憾，可以靜靜地去品味，並從中汲取營養。至於那些人生中習以為常的酸甜苦辣，大可不必在意，過去的事情就讓它永遠過去吧！

有些老年人在想到過去時，常會因遺憾而受到折磨，或因某些失誤而感到內疚，或因某些失去而感到痛苦，或因某種願望未能實現而感到鬱悶，這既是可以理解的，又是需要正確駕馭的。

人生漫漫，坎坎坷坷，誰的晚年會沒有一點遺憾？只是多少有異、情況不同罷了。有遺憾的人生，才是真實、有滋味的人生。因為遺憾本身也是一種財富，它能

遺憾本身也是一種財富

為你點燃希望的火炬，它能使你高揚風帆，它能使你變得更加聰慧，它能使你覺得活在世上還有許多事情要做。遺憾伴隨著人生，人生總是在不斷地撫平一個個遺憾中向前延伸。有些遺憾可以彌補，而有些遺憾則會永遠成為彌留在心頭上的傷痛，但它會經常向你提示著人生的艱辛與不易。

人們常說不要去為此悲傷、為此壓抑、為此不振，甚至去頹廢。想過、思過、憶過，甚至動情過，這些都說明，你仍然有著活力、有著進取、有著欲望。而沒有欲望的人是蒼老的、無力的、令人同情的。一個人活在世上，如果連對美的追求、對幸福的熱愛、對自在的渴望都沒有，那也不過是沒有靈魂的行屍走肉罷了。有著欲望，說明我們還在努力地生活著，而面對所有的欲望，我們不能、也不可能去期盼擁有它的全部。世間萬物沒有完美的，它總是有著數不清的缺陷，需要我們不斷地去補充、完善。生活經常和我們開玩笑，它給你一個美麗的初春，可又展現給你一個浪漫的深秋。

喜歡、欣賞、迷戀，其實也是一種擁有。雖然你不能滿足你全部的欲望，可只要你曾經喜歡過、欣賞過，甚至依然迷戀著，那不也正是生活的重要一部分、也是一種擁有嗎？屬於自己的不一定是最好的，但自己追求過的一定是最美的。擁有大山，可也有著對大海的嚮往，那才應該是我們豐富、充實的世界。

結果有時並不重要，重要的還是過程。相信對許多人來說，追求時的辛苦、心酸，渴望中時的浪漫、期盼，嚮往時的陶醉、迷戀，也許才是一生中都難以忘懷的。

有些人把遺憾與後悔混為一談，甚至認為其本質相同，這是欠缺妥當的。後悔，只是人對自己不妥當言行的一種反省之情。而遺憾則不同，它既有對失當之處的悔恨，也有對不稱心之事的抗爭，還充滿著對未來的寄託。與後悔相比，遺憾顯得更加深邃、更富有魅力。遺憾與後悔的根本區別在於，幾乎所有的遺憾都具有雙重屬性，而後悔則不是這樣。正如義大利哲學家傑洛墨．卡爾當所說：「紅寶石與水晶玻璃之別，就在於紅寶石具有雙重折射。」

後悔與遺憾之間有著許多不同。後悔多帶有消極的色彩，遺憾則往往潛藏著進取的銳意。後悔雖然有時也滲入了悟性的流水，但它像個弱智者，總是顯得那麼呆板、遲鈍，恰似常為人們所笑的那個看門人——賊來了，他悄悄地躲起來；賊跑了，他才拿起刀，氣勢洶洶地大喊捉賊。遺憾絕非如此。當以抗爭者的面目出現時，他是一個精明強悍的勇士，雖然已無可奈何，但絕不後退一步，彷佛他本身就是一座不可逾越的高山；即使其以悔恨者的面目出現在人們的面前，也絕不卑躬屈

遺憾本身也是一種財富

膝，好像自己就是能夠化解一切的重要關鍵。

人不應當鄙視後悔，但要正確地對待遺憾。人生中不稱心的事太多了。子女不爭氣是一種遺憾，夫妻反目是災難性的遺憾；未老先衰是一種遺憾，壯志未酬是加倍的遺憾；得到後又失去是一種遺憾，失去後又得到也未必就不是遺憾；一時的失誤是暫時的遺憾，無可挽回的失誤則會成為終身的遺憾。矛盾、問題、困難、挫折都可能引來遺憾，而我們誰又能百分之百地抗拒這一切呢？

生活中，有遺憾是必然的，而且，或許多一份遺憾就多一份收穫。觀察周圍，許多人不正是被遺憾所喚醒的嗎？想想自己的過去，許多成功不正是以遺憾為鋪墊的嗎？

蹉跎歲月多遺憾，滄桑人生有輝煌。人的勇氣、智慧、才能，一半是從成功中學來的，另一半則是遺憾所賜予的。如果你能夠正確地回味每一個遺憾，直視蜿蜒而伸的人生道路，不將寶貴時光耗費在由於失誤、不滿而滋生的煩惱中，不因已逝的不快而耿耿於懷，那你就必定會擁有一種更加自在和快樂的生活。

老年人在經驗、智慧、修養等方面都遠遠勝過年輕人，理應成為駕馭遺憾的高手，而絕不可成為被遺憾所驅使的奴隸。

有得失才有人生

人世間有很多無奈，就像秋葉不捨離開大樹的懷抱，最終也不得不離開，春天的花為不能永久綻放而傷心憔悴，卻也不得不枯萎。有人生就有得失，有得失才有人生。在得失問題上需要切記的是，不該得的萬不可得，應該失的絕不可惜，得失都是身外之物。

曾經看過一篇報導，有一位記者採訪一位年逾古稀的長輩。在偏僻的山莊裡，一座低矮的茅草屋旁，這位長輩就靜靜地坐在屋前的草坪上，向記者講敘自己以前的經歷。他童年時就失去了父親；年少的時候又失去了母親；成家之後，妻子又不幸染上絕症，撒手人寰！之後有一天，他去山間採草藥時摔斷了一條腿，步入晚年時得知一場車禍帶走了自己的兒子，現在身邊再沒有重要的人。但記者卻發覺這位長輩說話的口吻是那樣地平和，過往的一切在他看來似乎都不是太重要，重要的是現在他還活著，每天還能見到新的陽光、山間的小溪水，還有那聳立綿延的山巒，都使人留戀。每年清明，這位長輩都會牽著小狗，在父母、妻子、兒子的墳前，向他們講述今天的生活，還有今天的新氣象……

有得失才有人生

當人得不到的時候，就轉移自己的情緒，去追求能追求到的，而不能得到的，先暫且放一放，放下的是一種負擔，得到的是一種新的人生理念。

「得失」二字的內涵並不難理解，但在人生的辭典中，它卻是那樣的深奧難解。許多人認識它，卻不能理解它，更不能善待它，由此而吃了諸多的苦頭。就連一些有著豐富社會生活經驗的老年人，在得失面前有時也無法成熟，以至於整日悶悶不樂卻不知原因何在。自然，也有不少老年人對其理解得很深刻，掌握得也很好。也因如此，他們在退休後，生活也始終過得百般有滋味。

所有這些，你大概都看到過，或聽到過，或許也親身體驗過。

所有這些，都是人生中的正常現象，既不必感到奇怪，也不必畏懼。

所有這些，都向我們提出了一個值得思考的問題：「到底應該如何理解得失，怎樣對待得失？」

得失問題源於生活，貫穿於生活，能夠回答這個問題的最好良師也依然是生活。這方面，生活告訴我們的有很多很多。這裡主要列出三點。

一，得失是人生永遠拋不掉的夥伴。有人生就有得失，有得失也才有人生。得失像一股流水，它滲入生活的每一個縫隙，對誰都如此；得失也像一位嚴師，它隨時都會向你發問，誰也不能蔑視；得失還像一個病魔，它迫使你去面對，誰也不能躲避；得失更像一條繩索，它緊緊地將你捆綁，誰也難以掙脫。人要快樂地生活，就要清醒地面對得失，理智地善待得失。既不要把它看作是一個聖物，也不要一概地認為它就是一個怪物。「怪物」與「聖物」只有一字之別，人在得失問題上調節得如何，常常也只是一念之差。

二，喜歡得到而害怕失去，這既是人性固有的弱點之一，也是人性特有的優點之一。正像沉默與喊叫都是一種選擇一樣，得到和失去也都是一種需要；正像該沉默時才沉默，該喊時則應喊出聲一樣，該得到時才得到，該失去時則應失去。該得則得，該失則失，應視為優點；該失不失，不該得而得，則應視為缺點。所以，人既不能一味地追求得到，也不能一味地躲避失去。得失皆有道，務應慎對待。

三，得到與失去都是相對的，二者相克相依。沒有絕對的得到，也沒有絕對的失去，得失都是比較而言的。得到的越多，並非失去的就越少；失去的越少，也並非得到的就越多。有得必有失，有失必有得。得到未必都是好事，失去也未必都是壞事。得中有失，失中有得。得失猶如血液中的紅白細胞，它們始終共生共存。得失絕不像兩個連體嬰兒，經過手術就能夠相互分離而獨立存在。因此，人在得到的同時，也就要準備著失去，而在失去的同時，也將看到那已經悄然而至的「得到」。

在得失問題上，生活對我們還有許許多多的忠告。一，不該得的萬不可得。某些人的痛苦並非是緣於失去，而恰恰是由於得到。因為得到的過多而導致失去的也太多，這正是一些人的悲哀之處。在人生中，最能夠喚起貪欲之心的莫過於權力、地位、金錢和美色這四樣東西。環顧生活，多少人不正是因為貪圖這四樣東西而葬送了自己的美好前程嗎？有的人晚年不安，不也與此密切相關嗎？人生中不該得的東西固然有很多，但最要緊的是不要讓這四樣東西迷惑了自己。能夠在這四樣東西面前始終傲然挺立者，即使在其他方面有不當得到的，也不至於毀掉自己的整個人生。

二，應該失的要樂於失去。一個人只想得到而不想失去，是注定要被痛苦纏身的。有得有失，符合人生的常理，也符合歷史的邏輯。天下的好事不能均為一人所有，該失的要果斷失之，既不要為之惋惜，更不要為之痛苦，相反，要把它視為一種快樂，當作一種榮耀。在得失問題上最應謹慎駕馭的便是欲望。邪惡的欲望不可有，非分的欲望當警惕。只要能時時駕馭好自己的欲望，在該失去的時候就會覺得理所應當，雖然失去了，卻不沉浸在悲痛之中。

三，得失都是身外之物。每個人都是空無一物地來，又空無一物地離開，人來到世界上能夠完全屬於自己的只有生命。這個道理再淺顯不過，卻有人直到晚年也不能真正明白。平心靜氣想一想，與生命相比較，權力、地位、金錢、美色又能算得上什麼呢？不管得到的是什麼，失去的是什麼，不都是身外之物嗎？早有智者說過，房子無數間，晚上也只能睡一張床。也有人說，如果生命終結了，深愛的另一半也可能是別人的了。假如你能這樣想，「得失」二字在你的人生天秤上，就不會占絕對的分量。

第二章　老有所為：精彩的人生從六十歲開始

正確看待生命的流逝

生命像河水。面對歲月的流逝，自己在生理與心理的日益變化，老年人都應當有一種坦然的態度。每段生命的旅程，都可以被自己創造得與眾不同。

在古埃及神話中，有一個這樣的謎語：「世間有一物，能發出一種聲音，它先用四條腿走路，後用兩條腿走路，最後用三條腿走路。此為何物？」

此謎底便是人。人在嬰兒時期利用四肢爬行，長大後用雙腳步行，年老力衰時拄杖行走。這個故事告訴人們，生、老、病、死是自然的法則，自然界中的一切生物都無法抗拒。俗話說得好「青春留不住，歲月不饒人」，無論對誰來說，都要從年輕氣盛走向成熟穩重，從年輕走向中年，最後步入老年。誰也不能永遠停留在年少的時光，誰也不能脫離衰老死亡這個必然的結局。這是人生的鐵律，任誰也無法改變，任誰也無法躲避。

人在年輕時期，為生命流逝所擔心的人並不多，但當進入中年，特別是老年後，死亡帶來的恐懼和陰影就經常在腦海中出現。許多長者往往為青春不再而傷感，為來日不多而彷徨，因而嘆老、怕老、不敢言老，有如風中殘燭，處在惶惶不可終日之中。這都是人生中的正常現象，這些擔憂、恐懼，都在無時無刻地提醒我們，要明白人生的道理。

衰老的趨勢無法逆轉，但衰老的進程卻可以減緩；肉體的衰老無法抗拒，但思想、精神和意志則可以青春永駐。有生就會有死。生意味著死的來臨，死意味著生的結束。人來到這個世界，又要離開這個世界，這是誰也不可抗拒的自然法則。

既然有心力擔憂生命的流逝，不如多關注一下自己的身體健康。多一分健康，就多一分幸福的可能。尤其心理健康是健康長壽的重中之重。心態的平和與從容，是身體健康的最起碼保證。

的確，人到老年，或多或少都會產生失落感。畢竟「青春無二次」，曾經的意氣風發都成為了過去。但問題總是需要解決，如果我們換一個思考的角度，情形就完全不一樣了。

一，我們能夠來到這個世界上，本身就是一種幸運。在人生的整個旅途中，我們領略了美麗的山川風光，也享受了人間的天倫之樂，更創造了無以計數的巨大財富。除此之外，我們還經歷過年輕時期的血氣方剛，也經歷過中年時期的經驗與智慧、老練與成熟，這些經歷都深藏在長者的皺紋與銀髮中。在這一生中，我們每天都過得很精彩，日日沒有虛度，對得起社會、親人，以及所熱愛的事業，人生還有什麼遺憾呢？

二，年輕人風華正茂，看似有著用不完的力氣，有著更多實現人生理想的可能。但他們難道就沒有煩惱嗎？可能他們正苦思著經濟上的入不敷出，可能還在為尋找工作而發愁，他們正在煩惱的，正是我們曾經克服過的。而今，我們生活安逸，無衣食之憂慮，也無奔波之勞苦，這難道不也是一種幸福嗎？

可見，人生就像一場喜劇，接近結局便愈是精彩，幸福生活的高潮迭起往往便是接近結束的那一刻。面對一場自己創造的精彩人間喜劇，我們還有什麼可憂慮、可擔心的呢？該經歷的都經歷了，該付出的也都付出了，現在的我們，唯有用心享受這幸福生活的每時每刻，才是當務之急。

「人的思想必須朝著未來，朝著還可以有所作為的方面。」這是哲學家羅素說過的話。他在七十九歲時才榮獲諾貝爾文學獎，他的一生也正是實踐了他自己的一個比喻：「一個人的一生應該像一條河——起初很小，被兩邊的土地緊緊約束著。隨著河水流淌，不斷猛烈地沖過岩石和瀑布，逐漸地變寬了，兩邊的土地後退了，河水漸漸趨向安靜地流淌；到最後就和大海匯在一起，毫無痛苦地失去單獨的存在。」

不斷地開始，不間歇地流淌，這就是生命存在的奧祕！一個在老年中能這般對待生活的人，不會感到生命流逝的恐懼，因為無論如何，他所關心的事物都將繼續下去。

世間萬物都有其固有的定律，由生到死，任何人都不能回避。其實，我們身邊的每一個人，無論孩子，還是年輕人，每過一天便都更接近死亡，這並不是一件沉重的事情。由盛年到老年，由出生到死亡，我們所有的人都從同一個起點出發，又共同聚集在同一個終點。這中間的路，走得是否瀟灑，走得是否快樂，全由自己掌握！

「老」是自己想出來的

在一架飛機上，一位空服員看見頭等艙有許多空位，便對一位美國乘客說：「先生，您年紀大了，我們的頭等艙還有多的空位，您是否需要移至頭等艙？」誰知那位美國乘客很不高興地說：「我還不老，我不去！」

對於衰老與年齡的問題，中西方的態度是不一樣的。東方人喜歡「裝」老，大多數人還沒老便說自己老了，假如有人不承認，便覺得自己不受他人尊重。

然而西方人卻會「避諱」老，許多人明明老了，卻不准他人說老。有一句話曾說：「年齡是一種感覺，就是說，你覺得自己老了，你就真的老了，你覺得自己不老，即便是真的老了也照樣可以活得年輕。」

在美國乘坐大眾交通運輸時，如果有人給一位長者讓座，往往不被領情，反而會被對方謾罵：「你以為我老了？說不定我還能站得比你久。」

其實，最催人衰老的因素，莫過於「我老了」的思想。因為給自己戴上了「老」的帽子。當我們的言語中頻繁出現「老」的訊號，頭腦中也容易喚起「老」的意識，身體便隨時都在接收「老」的暗示，不知不覺便加入了「老」的行列。可見衰老是生理和心理互動的過程。人們甚至把「老了」當作沒能把事情做好的藉口，這樣就更加深了他人對自身衰老的印象。

現代心理科學的研究表明，人的外表體型、身體功能隨著年齡增長，可以變得衰退蒼老，但是心理不能老化，必須始終保持年輕，充滿活力和自信。人的身體衰老無法自控和改變，但人的心理老化是可以自我調節和控制的。心理老化更容易使人加速生理上的衰退，意志消沉、百病叢生，生活缺乏樂趣，變得自卑且無所作為，嚴重損害我們的身體健康。

有些人的身體非常健康，也沒有重大疾病和衰老徵象，但是他們自感老態龍鍾，體弱多病，精神不支，思維遲鈍等，自認為成為社會上的「累贅」和家庭的「負擔」。遇到生活上不順心的事，就感到無能為力，思想負擔沉重，沉溺於失敗和挫折的情境。生活缺乏興趣，對人對事淡漠，幾乎麻木，空虛無聊。人際關係疏遠，離群獨居，自感已經風燭殘年。這些人常常會消極地對待人生和世界，處事優柔寡斷，自甘沉淪，無所事事，喪失社會責任感。其實，我們延緩衰老面臨的主要挑戰不是體力的挑戰，而是精神的挑戰。

衰老與年齡無關，衰老是一種感覺。一個人潛意識認為自己老了，那麼他的身體也會跟著老的。據研究發現，約有百分之七十六的早衰者在生理衰老之前，都出現了不同程度的心理衰老。由此醫學專家認為，防止心理衰老是健康長壽的關鍵。

退休之後，我們首先要防「心衰」。所謂「心衰」並非指生理上的心力衰竭，而是要防心理衰老。那麼，我們怎樣才能延緩心理衰老呢？

一，退休後仍要在社會活動中接收各種訊息和培養生活情趣。首先，勤奮好學，積極用腦，廣閱博覽，使思維不斷變化，腦細胞活力和腦功能維持在一定水準，既可以延遲大腦衰老，也能防止自卑感和老年癡呆症的出現。其次，與人為善也是預防心理衰老的重要措施，與身邊的人應和睦相處，並給予力所能及的幫助和支持，這會使我們的心情愉悅起來。

二，提高認識，懂得心理老化的危險性，要培養樂觀開朗，胸懷寬闊和「不服老」的思想。人的心理活動無不與認知有關，只有認識提高，明白道理，才能真正做到永保青春與活力。

三，樹立積極樂觀的人生態度。人生好像是一個生活舞臺，儘管有主角、配角，悲劇、喜劇之別，但只要樹立積極樂觀的人生態度，任何人都可以做出有益於社會的貢獻。消極的人生態度，容易導致一個人的心理老化。我們要善於把自己的情緒調節至最佳狀態，培養良好情緒。每個人都必須有一種理想追求和生活目標，並為此奮鬥終生，永不停步，這樣才不會感到生活貧乏蒼白，枯萎乏味。

四，永遠對人生和大自然充滿好奇心，是防止心理老化的良好方法。好奇心就是接受新鮮事物，求知進取的積極生活態度。我們應該做到生命不息，進步不止。

五，豐富生活內容，培養多種興趣，專注和鑽研自己喜愛的事物，並從興趣愛好中尋求到生活樂趣和幸福。

六，經常活動身體，不要懶於做事，積極參加一些社會活動，廣結朋友，接觸社會。

做一個自信的老人

人老心不能老，只要精神煥發，擁有樂觀情緒，再配合生理上的強健就可身心健康而延年益壽。人，千萬不要自己打敗自己。

在生活中，常常聽到一些老年人抱怨：「我老了，不中用了，做什麼都不行！」、「就這樣了，隨便應付就好了！」

做一個自信的老人

這些老人無疑都犯了一個共同的錯誤，把自己因大自然規律而導致的體力和精力的下降，看成是生命之火即將熄滅；將任何人都必須經歷的退休，看成了被社會和他人所遺棄和不需要。

其實，年齡的老化只是使老年人轉換了生活舞臺而已，從工作轉向家庭，從出力者轉為安享者。這一切既不能證明老者即無為，也不能證明老去即無用。相反地，生活對於每一個人，都是公平的。不分老幼，每個人都有選擇生活的權利。一位年輕人如果整天被不快樂的情緒包圍，渾渾噩噩、碌碌無為，那無異於行將就木；一位老者，如果每天都笑看人生，精神飽滿、老有所為，那也無異於青春再現。

「世上本無事，庸人自擾之。」無限的光陰仍在等待有緣人幸福地度過，許多人生滋味還等待著有人來細細品味。將「老」字掛在嘴邊絕對不是應有之舉，作為睿智的老年人，一定要對生活充滿期待，對未來充滿信念，同時也一定要堅信一些道理，比如：

今天是自己最年輕的一天。相比昨天，自己是老了，可相比明天，今天卻始終比明天來得年輕。穿上最鮮豔的衣服，帶上最美好的笑容，去做自己一直想做的事情吧！只要心態平靜自如，認真對待生命賜予的每一天，並且珍惜每一個最年輕的今天，我們的生活必然日新月異，精神也永遠神采奕奕。

樂觀的生活態度、精神抖擻的心態以及開朗大度的性格，都是自己依然年輕的最好標籤。年輕不僅是隱藏在心裡，它還展現在自己的一言一行中。舉手投足、隻言片語，都是向他人展示自己風采的最佳媒介。要選擇什麼樣的生活，向他人展示哪種的自己，這全由自己決定。只要願意，自己也可以讓自己的心年輕永駐。

由此可見，讓自己年輕起來的方法其實很簡單。只要多微笑，看輕世間名和利，只要認真積極地度過每一天，年輕時候的容光煥發，就會重新回到我們身上。

人人都想做一個快樂、健康的老年人、一個尚且年輕的老年人，那麼就必須時刻對生活充滿希望。真正可怕的不是年齡的增大，而是希望的減少。一位高齡長者曾說過這樣的話：「我在每一天裡重新誕生，每一天都是新生命的開始。」每一天都是新生，每一天都值得期待，這樣的想法正是讓人永保青春的祕訣。

對自己充滿自信。世界上沒有包治百病的靈丹妙藥，如果有，那就是自信。生命的力量首先來自於自信，只要自信心飽滿充盈，生命空間就不會縮小，精神就會永遠不老。擺脫煩惱，釋放不良情緒，過度的操心和煩惱，往往是促使生命衰老的加速劑。面對生活中的煩惱事，不必時時心緒不安，更不要杞人憂天，而要通過各種途徑把負面情緒釋放出來。時刻讓自己保持一份好心情，方能青春永駐。

人老並不可怕，怕的是人老心也老。心老最明顯的特徵，就是時常緊閉心門，總想著自己的老，愈想愈消沉，以致身體雖然康健，心卻感染重疾。

想當年，肺結核乃是不治之症，而如今，肺結核也只算是一種小病。隨著科學的不斷發展，就連癌症也會有被治癒的一天，唯獨心病才是最難以醫治的頑症。

找回失去的熱情就等於拯救了生命

梵谷曾經說過：「一個人絕不可以讓自己心靈裡的火焰熄滅掉，而要讓它始終不斷地燃燒。」失去熱情的人就像久旱的秧苗，最需要熱情之水的澆灌。雨露能使枯萎的種子重新舒展，熱情能使冷漠的人心再度振奮。找回失去的熱情，無異於拯救了自己的一半生命。人要珍惜生命，就務必時時激發熱情。

生活好比綠樹，熱情好比流水，要讓生活之樹常青，就必須時時注意用熱情之水來澆灌。熱情不僅是對生活的渴望，而且是人之生命力的象徵。一個人有無熱情、有多少熱情，不僅能夠測試其對生活的態度，而且可以折射出生命力的強弱。

正因如此，生活一次又一次地告誡我們，你可以失去權力，可以失去地位，可以失去金錢，但絕不能失去對生活的熱情。

靜下心來想想吧，熱情對自己的生活及整個生命是多麼的重要。如果說生活是沙漠，那麼熱情就是綠洲，它能使生活充滿生機；如果說生活是幅畫，那麼熱情就是顏料，它能使生活更加富有色彩；如果說生活是條船，那麼熱情就是懸掛於船上的帆，它能使生活乘風破浪，一往無前。

生活不只是吃飯、穿衣、睡覺和娛樂，學習、工作、勞動等也是生活的一環，而且是更加重要的生活。生活是否快樂，不只在於吃穿住行，更重要的在於學習、工作、勞動的過程和結果。這一切都需要熱情的輔佐。

熱情是一把烈火，它能溫暖冷漠的心，使人重新對生活充滿希望。如果本身就充滿希望，它會使人沸騰起來，激發出更大的力量。

熱情是一塊礪石，它能磨利鈍化的心，使人又一次對生活充滿激情。如果本身就充滿激情，它會使人剛強，變得堅毅、敏銳。

熱情是一座燈塔，它能照亮黯淡的心，使人在黑暗中看到光明。如果本身就充滿亮光，它會使人的目光更加長遠，對今天和明天始終懷著美好的憧憬。

熱情永遠是一種前進的、向上的因而是不可抗拒的力量。它意味著自己有明確的目標。雖然有時也會遭受挫折，但雙眼總是直直地望向那閃爍著美好的前方。擁有健康的心智。即使有不如意的事，也能想得開，放得下，絕不煩惱，也絕不消沉。

有堅強的自信心。哪怕困難重重，也無法阻止自己繼續奮鬥，相信自己一定能夠做好想要完成的事情。

能勇敢地去行動。把第一次行動看作獲取成功的第一個起點，把第一次失敗看作走向成功的第一個臺階。

能發自內心地去修養，刻苦學習，用心思考，不斷地提高自己，完善自己。

熱情是人內心世界裡散發出的光亮。它雖然是一種精神的東西，但卻能產生巨大的物質力量。這種力量好像摸不著、看不見，但它無時無刻都在發揮作用。表面上，熱情是虛構的東西，而在實際上，卻是實際存在的。熱情是人的「精神空氣」。人沒有空氣就會窒息，而人沒有熱情則會失去知覺。忽視熱情的作用，猶如忽視空氣一樣愚蠢。

可惜的是，總有一些人對生活缺乏應有的熱情。他們對工作、對事業、對人生始終冰冷，對任何人事物都沒有興趣。這群人從不相信他人，也不相信自己；不專注於現在，也不寄託希望於未來。他們像流水中的一片樹葉，隨波逐流；像天上的一朵朵浮雲，隨風飄散。對個人沒有任何好處，對社會也無半點作用。

這種現象，年輕人和老年人之中都有這類型的人存在。對於這種現象，年輕人要予以注意，老年人尤當警惕。由於身體與年齡的因素，老年人比年輕人更需要對生活充滿熱情。

一個人從懂事起，就對生活毫無熱情，這大概是極少見的。對於一些老年人來說，不是從來就沒有熱情，只是後來出於某種原因，而失去了熱情。

是什麼原因使自己失去了對生活的熱情呢？必須靜下心去追溯根源。「老」不應該是原因，因為誰都會老，生活中比自己年長而又熱情洋溢的人比比皆是。權力的丟失也不應該是原因，因為誰也不能在權力的巔峰上久居，生活中曾經比你位高而又熱情快樂的人大有人在。金錢的短缺更不應該是原因，錢財屬於身外之物，生活中有那麼多比自己還要更困難的人，卻保持著樂觀開朗的心態去度過難關。如果是上述幾種情況使自己失去了對生活的熱情，絕對有辦法可以解決，端看自己願不願意罷了。

不置可否的是，生活中的某些人事物確實會為自己帶來不幸，喪偶失子、疾病纏身，或者是家庭不和、兒女不孝等。但即便如此，也應當振作起來，把事情看得透一些。生活原本就充滿酸甜苦辣，應該把問題想得深入一些；人生道路原本就蜿蜒崎嶇，放輕鬆地去想、去思考，自己的心境就會好一些，對生活的熱情也就會多一些。

自己也應該相信，失去的熱情是能夠尋找回來的。只是需要記住，尋找熱情本身也需要熱情——它首先是自信。熱情能夠喚起自信，自信也能招來熱情。自信一旦溫暖了你的心，熱情的火花就一定會迸發出來，為生活穿戴美麗的盛裝。

總之，鄙視熱情是淺薄的，缺乏熱情是可悲的，珍重熱情是可敬的。老年朋友要愉快，要幸福，那就用熱情來呵護你的生命之樹吧！

生命的價值是什麼

一位教授面對著一群入學不久的新生們，手裡舉起了一張嶄新的一百元鈔票。

他問：「你們誰想要這張鈔票，請舉手！」無數隻手瞬間舉了起來。接著教授繼續說：「我打算把這張鈔票送給在座的其中一位，但在這之前，請允許我做一件事情。」他說著把鈔票揉成了一團，然後問：「誰還要？」多數舉起的手仍舊沒有放下。

教授見狀，又繼續說：「那麼，假如我這樣做又會怎麼樣呢？」他把那張鈔票放到地上，踩了幾腳。然後他拾起了那張已經變得又髒又皺的鈔票，再問道：「現在誰還要？」臺下放眼望去仍是學生高舉的手。

直到這時，教授鄭重地說：「同學們，無論我如何對待這張鈔票，你們還是想要它，因為它並沒有貶值。它依舊是一百元。人生路上，我們會無數次碰到困難和逆境的欺淩、打擊甚至變得粉身碎骨。我們容易覺得自己似乎一文不值，但無論發生什麼，或將要發生什麼，生命的價值卻依然存在。因為生命的價值不依賴我們的外表和我們所處的環境，而是取決於我們本身內在的價值！」

退休之後，還有沒有人生價值取向可言？有人脫口而出：「退休退休，萬事該休，好看的地方去看看，好玩的場所去玩玩，徹徹底底地休息。」還有人一邊嘆息一邊說道：「我們是『日落西山』，還能有什麼想法呢？」這些話讓老年人看到了黃昏日落的暮色，人生這一齣大劇似乎就在一瞬間落幕了，從而使心靈頓感窒息，情緒

生命的價值是什麼

陷入悲傷。

人雖然退休了，但是應視為「只是換一條跑道繼續前進」的睿智選擇。所謂跑道，不是泊船的港口，也非臨停的停車場，而是競技的戰場，有進取的人生永遠不會退出賽場，而是瀟灑地跑完生命的全程。英國大劇作家蕭伯納說：「六十歲以後才是真正的人生。」一位科學家也說：「一個研究學問的人，可以有兩個高潮。一個是三十歲左右，精力充沛，並在某個專門領域上有所突破；一個是六十歲左右的人，知識面廣，研究成果累積得多，經驗豐富，可以在總結性、系統性工作方面，取得高水準的成就。」法國教育家兼文學家盧梭更有句名言：「年輕是增長才智的時期，老年是運用才智的時期。」以為退休就萬事皆休，再沒有創造價值的可能，是對退休看法的一個誤解。老年人的人生價值與年輕人的人生價值，只是在表現的形式和內容上有所不同而已！

許多人會認為自己年歲已高，想體現人生價值也難有作為。但是晚年再創輝煌、大器晚成者也並非絕無此人。恩格斯一生掌握二十多種語言，七十歲時又攻讀挪威文，在生命的最後幾年還鑽研醫學。從人的生命價值角度看，人活著就應該活得瀟灑並健康，更要活得幸福。中國著名文學家巴金在老年罹患帕金森氏症，手腳無法活動，握筆非常困難，有時寫一個字要花幾分鐘時間。然而頑強的他卻在晚年還堅持校對完成十卷本《巴金譯文集》，每卷都寫了〈後序〉，還寫完了〈告別讀者〉一文。他經常講：「人的生命意義在於奉獻。」巴金給予社會的貢獻是非常巨大的，他的二十六卷著作和十卷譯作，全部捐贈給了自己的國家。

人生，是一個說不盡的話題。生命的價值不在於名望和錢財，而在於付出愛，在於創造，在於給別人帶去快樂。我們所要做的就是去實現自己的人生目標，去為社會大眾服務。

老來防傷感

「夕陽無限好，只是近黃昏」，這是老年人常有的感嘆。老來傷感，是老年養生之大忌，不可忽視。

老來傷感，通常來自三個方面。一，懷舊。人老容易戀舊事，喜歡追憶過去的美好時光。然而過多沉溺於對往事的回憶，則必然會因過去的好時光逝去而多感遺憾。二，戀友。老來失伴，摯友不在，常會使老年人痛心疾首，悲傷過度。三，失落感。退休後無所事事的清閒、某個願望落空，子女們做事違背自己的意願等，都會使老年人產生失落感。

一般來講，長者偶爾追溯往事，懷古憶舊，是人之常情，無礙健康。如果過度沉溺於往昔，終日在回憶中感傷，勢必增加寂寞、孤獨、憂鬱等情緒，使人茶不思飯不想，夜不成寐。這種消極的心理狀態，輕者容易引起心理疲勞，出現種種不適感；重者可導致神經系統的紊亂，如焦慮、憂鬱、自卑等，以致喪失對生活的信心和勇氣。由於神經系統的紊亂，內臟器官和免疫系統功能也會失調，使免疫力、代謝力等逐步下降。因此，各種病魔接踵而至，如高血壓、冠心病、糖尿病、哮喘病、動脈硬化等，嚴重的話更可能誘發精神分裂症。傷感過度者，還會走向輕生的絕路，釀成悲劇。

使精神有所寄託和安慰，是老年人晚年生活愉快的一個重要準則。退休後的老年人，若健康狀況允許，盡量不要待在自閉的空間裡，在寂寞中消磨時光，對健康長壽極為不利。

老來防傷感，主要便是在生活中尋找樂趣。老年人應根據自己的精力、體力、愛好和興趣，做些力所能及的工作，如參加一些社會公益活動，在活動中廣交朋友；養花、養鳥等既能豐富生活內容，又能陶冶性情、增添樂趣。不少老年人喜歡釣魚，由於釣魚常在河水附近，呼吸清新的空氣，欣賞美麗的大自然風光，可使人精神振奮，心情暢快。喜歡平靜的老人，也可練習書法，學習繪畫，甚至寫下屬於自己的回憶錄，既可修身養性，又能增長知識。總之，老年人心情豁達，樂以忘憂，保持輕鬆、愉快的精神狀態，才會有益於晚年的健康和幸福。

自己給自己一間辦公室

一次閒聊中，朋友提到了他退休的老父親時，略顯擔心地說：「我爸在退休之後曾和我說過，當他在退休的第二天發現自己不用再去上班時，突然覺得生活變得很空虛，一下子變得沒有目標和動力。他已經習慣忙碌的生活了，現在退休，我真害怕他會大病一場。」

當一個人宣布退休後，他拿起自己的公事包，走出了辦公室。從這一刻起，這間辦公室、這個職位，都不再屬於自己了。但是，退休後的我們就真的無所作為了嗎？

自己給自己一間辦公室

在做了二十五年的人力資源和銷售工作之後，米尼克．奈特開了一間屬於自己的網路銷售公司。他說：「我不想看到這樣的結果——在我年老的時候沒有人願意雇我，所以我自己開始當老闆。」

在美國因新經濟帶來的創業潮，近年來漸漸消退，但另外一股新興創業潮流悄然興起，那就是長者創設公司。這種經濟潮流被美國人命名為「老奶奶商業」。最新的研究顯示，在美國有五百六十萬的退休者，選擇自己當老闆。他們自己替自己工作，相對於一九九〇年來說，躍升了百分之二十三，很大程度上是因為中老年的創業者漸漸增多。在未來，他們會將這種自主創業的趨勢繼續擴大。並且完善的高科技費用愈來愈低，這降低了人們創業的門檻。

美國以往的創業者中很少有中老年人的身影，因為很多人秉持著「如果沒有在年輕時期成為老闆，那麼將一輩子為人工作」。這種中老年人的創業趨勢顛覆了美國一直以來就存在的「年輕至上」的傳統。許多初步入老年的普通人，也成為商業趨勢中的老闆。

一個人雖然退休了，但自身的能力永遠都在。不妨給自己一間辦公室，重新在新的環境中找到自己的位置，發揮自己的潛力，重新創造新的事業。

人生從六十歲開始

英國有句諺語說得好：「人生六十才開始。」

人類的生命平均極限是一百二十歲，其中零到六十歲是第一個春天，六十一到一百二十歲是第二個春天。第一個春天是播種耕耘、辛勤勞作的春天；第二個春天是收穫碩果、享受人生的春天。六十歲後離開了工作崗位，進入了第二春天，時間富裕了，空間寬敞了，閱歷豐富了，經驗成熟了，生命得到了全面、自由的舒展，在一定意義上說，是從「必然王國」進入了「自由王國」。

孔子在談人生時曾說：「六十耳順。，七十從心所欲不逾矩。」，意思是只有到了這個階段，一個人的思想和行為才能符合外界的客觀規律，左右逢源，得心應手。不僅如此，「人生六十才開始」也意味著新的生活賦予老年人「第二青春」的樂趣、幸福和滿足。

六十歲以後，用過來人的眼光辨清人間是非，能夠心如止水，找回自我，如同返璞歸真一般，只求在人世中享受屬自己的順其自然的生活，步入自由自在的快樂人生境界。

人生從六十歲開始

六十歲以後，退休之後的時間可以自由支配。不用再為家庭的經濟奔波忙碌。回望人生旅途的坎坷，頓感如釋負重，之後的生活更是輕鬆愉悅。

六十歲以後，才真正懂了「健康是人生第一財富」的道理，不再計較個人得失，不再過度勞累，不再和生命開玩笑。

六十歲以後，明白了「少年夫妻老來伴」的真實意義。回想過去，常因家務瑣事爭執不斷；直到頭髮漸白眼漸花，行動速度更是大不如前，才深切體會到伴侶之間相互關愛、難捨難分的可貴。

六十歲以後，身體還算硬朗，思緒還算清晰，退而不休，在這個階段可以做一些自己有興趣的事業。不少科學家在六十歲以後達到事業頂峰，取得諾貝爾獎，說明這又是一個創業的春天。

所以，在新的時代，人生健康的座右銘應該是：「六十歲以前沒有病痛，八十歲以前不衰老；輕輕鬆鬆活到一百歲，高高興興一輩子。」

人的一生，其實從出生那天起，就開始一步一步向死亡走去。所謂「生者為過客，死者為歸人」，每個人都是握拳而來，撒手而去。這是一條不可抗拒的自然規律。人到老年，關鍵要有一顆年輕的心，才能保持生命的青春活力，才能走進陽光，充分享受人生第二個春天的快樂。

如果說年輕人的夢是初升的旭日，老年人的夢則如同緋紅爛漫的晚霞。故事邁入尾聲了，但故事情節永遠經典；一架鋼琴的琴弦損壞了，但曲調永遠完美；一個人老了，但心永遠不能老！老年人可以貧窮，可以孤獨，甚至可以不幸，但絕不可以沒有夢！

五十歲是傲霜的白菊；六十歲是雪中的紅梅；七十歲如同出淤泥而不染的蓮花；八十歲彷彿滿山遍野映山紅！老年，是人生的又一個港灣，生命的風帆在這裡停泊，又將在這裡重新鳴笛啟航。請老年朋友們記住偉大的文豪蕭伯納的一句名言：「六十歲以後，才是真正的人生！」

「銀髮人才」的充實別樣生活

發揮老年人潛力對保障老年人自身幸福快樂也是至關重要的。幸福快樂既存在於心理滿足的過程之中，也存在於細細體味事物發展的過程之中，更存在於自身潛力發揮的過程之中。年輕人如此，老年人亦是如此。

現今普遍的長者，一般身體都還算硬朗，精力也很充沛。因此不少人都願意再投入工作，一方面充實漫長的晚年時光，另一方面也能夠持續增加收入，為社會貢獻。不少老年人選擇再次就業，並大多集中在醫療衛生機構、教育機構、民營科技企業這三大類行業。私立的高中職以及大專院校裡，許多教師都是有著高級職稱的退休教師。老年人才的經驗優勢是年輕人所沒有的。對於有些行業或職位，年齡愈高者反而更加寶貴。比如研究歷史、研究文物的學術者，他們的價值除了研究之外，很重要的一點是在於經驗的累積。或者以醫師作為舉例，人們到醫院就醫，通常比起年輕的醫師，更傾向選擇年長的醫師。因為年長的醫師經驗豐富，有些疾病的病徵或應對方法，對於年輕醫生來說還有些不熟悉，然而年長的醫師卻因經驗累積的關係，馬上就能作出判斷。所以，老年人的身體如果健康，又能從工作中獲得樂趣，獲得來自社會的尊重，也可讓他們在崗位上繼續工作，其貢獻更可能比年輕人還要來得多。

也有不少老年人，除了在家裡為子女分憂外，也十分熱心公益事業，為建設和諧社會出力。在鄉村和城市之間，都可見到不少老年人成群結隊，在街頭巷尾巡邏，這些富含責任心且熱衷於維護社會穩定的老年人，自發成立的老年巡邏隊填補了城鄉裡的治安盲區。有些老年人也會在社區裡成立了興趣小組，研究書畫、刺繡、編織等，並以自己的作品豐富群眾的文化生活。有些年長的醫務工作者，會自發性深入鄉村、山區開展義診活動，服務更廣泛的人群；或是到社區為老年人開辦健康講座、展開疾病預防工作等。有些老年人則會組織宣傳隊，向居民進行道德宣傳。有些退休後的專業技術人員，會組成一支服務隊，進入偏遠鄉村和當地居民面對面進行交流，把居民急需的農業新技術和農業日常生活所需的健康知識帶到鄉村鄰里中。一些學有專長、身懷絕技的年長者們，則會尋找後輩來繼承自己的獨特技術，親自把自身的技術和經驗傳給下一代，並撰寫回憶錄，使革命精神一代一代地往下傳。

想一想，一個健康而又有經驗，也富含智慧的老年人，每天空閒的時間有那麼多，會有多難受。可以去運動，可以去娛樂，也可以去旅遊，或是找朋友聊天，但總不能日日如此吧！這樣的日子久了，心裡必定會產生空虛感，進而產生失落、鬱悶感。在這麼多的負面情緒中，哪裡還有幸福與快樂可言呢？

經驗同樣表明，幸福與快樂是可以經營的。而經營的途徑也不只有單一方向，而是各式各樣。嘗試掌控自己的欲望，不為失去的利益所忿忿不滿，不為往日的遺憾所困惑，不為「人走茶涼」而杞人憂天。或者坦然面對生活中的一切，過著有規律的生活，廣交朋友，享受親情等等。但相比之下，在各類途徑中，能夠確實有利於發揮潛力的工作目標並有所作為，當屬最好的選擇，對於仍然渴望工作的年長者來說，尤其如此。

換個思路想一想，如果在休息的同時，發現自己還有精力可以去做自己喜歡且有利於社會的事，心理上會有多麼富足快樂。自己不會有虛度光陰的空虛感，而會有珍惜時光的感受；不會因忙碌感到厭倦，而會因忙碌感到充實。如果自己真能在某一方面有所作為、有所成就，那更會找到一種無法取代的樂觀感受。此時，自己也或許才能真正明白，人生裡的夕陽與朝陽，都是那麼美麗。

醫學研究曾說，專注於某一項活動能夠刺激人體內特有的一種激素的分泌，它能讓人處於一種愉悅的狀態。有研究者發現，工作能發揮人的潛能，讓人感到被需要和需要承擔責任，這都會使人感到充實。老年朋友應當明白這方面的道理，並從自身實際出發，及早付諸行動。

自然，老年人能否發揮好自己的潛力，並不完全取決於個人。個人努力是首要的，但社會上各方面的關心與支持也是必不可少的。作為老年人應當注意的是，退休後所從事的工作，和退休之前所負責的領域基本上是截然不同的，所以當自己決定要從事退休之後的二次就業之前，一定要先重新定義自己在社會上的位置，也一定要量力而為。

總之，無論從促進社會發展這個層面看，還是從保證老年人自身幸福快樂這個角度看，重視並發揮好老年人的潛力都是一個頗為重要的問題。為了科學應對日益嚴峻的老齡化形勢，以發揮老年人潛力為核心內容，提出並研究「老年價值論」是完全必要的。

不要為喪偶過分悲傷

在人的一生中，會承受來自各方面的壓力。事業失敗、退休後失業、失戀心碎以及天災人禍等等，其中壓力指數最大的，便是屬喪偶了。

相伴幾十年的夫妻，如果一方先逝，留下另一方，其精神上、心靈上所承受的壓力之大，是一般人難以預估的。在現實生活中，夫妻之間其中一方過世，另一方相隔很短時間，也接著去世的事例並不鮮見。分析其原因是多方面的，有健康狀況，以及照料關心的問題。但也有個別老人健康狀況很好，晚輩也照顧得無微不知，但沒多久仍然過世了。這就是因為極度悲傷，長時間無法擺脫的不良心理因素所發揮的作用。夫妻之間的深厚情感是旁人無法輕易揣摩的重量，即使安慰自己，但也無法做到不思念。這種過程是非常痛苦的，尤其老年人長時間處在痛苦之中，即使身體非常健康，如果不重視心理痛苦的轉變，也非常容易因為心理潰堤而產生生理上的病痛，甚至因傷心過度而驟逝。

生老病死是不可抗拒的自然規律，我們每一個活著的人皆要珍惜生命的分分秒秒，讓生命的每一分鐘都富有意義。「死」的存在不是使「生」毫無意義，而是更加突顯出「生」的意義和價值。當自己能夠牢牢抓住每一個今天，為今天而生，不浪費人生中每一個今天的時光，積極地投身到每一個今天的活動，那麼就算失去了伴侶，自己也還擁有親情、友情、人情等，只要自己願意，一定可以振作起來，度過平穩、安康、幸福的晚年。

不管哪個階段，失去伴侶都是痛苦的，但若能夠以正常健康的心理去面對，並且由旁人從中積極協助，調整喪偶後的情緒，就能平安並且勇敢地挺過悲痛，健康地生活下去。

要忘卻孤獨，走進花季

有個部門的主管，是一位知識分子。；在職時被許多下屬當作景仰和學習的對象，在家裡則含飴弄孫，人生十分美滿。然而退休後，下屬因忙於工作，見面的機會少了許多。更令這位主管難以忍受的是，子女們一個個出國旅居，甚至孫子女也都出國定居。逢年過節，家裡冷冷清清，孤獨感油然而生，從此這位主管悶悶不樂，一蹶不振，直到有一天，這位主管突然毫無徵兆地死亡，其妻子也在數日後跟著撒手人寰。

人一旦步入老年，免疫功能就不再像年輕時那樣強壯，需要時時注意自身健康，並在體力與精神皆允許的情況下，儘量在社會中活躍。年長者可多參與社區活動，或是進入社區大學學習，社區大學有助於結交志同道合的好友；或是前往社會福利服務中心，由專業人員照顧起居，時時看顧健康與安全狀況；或是身體患上疾病，療養院也能及時提供醫療以及照顧起居的作用。但對一位年長者來說，最重要的仍然是家庭。作為子女，常回家與父母相伴，分享工作和生活，讓年長的父母仍然有參與感，讓他們感覺自己仍然被需要，這對於已逐漸步入老年的長輩來說，是再好不過的安慰。

人到老年，難免會有孤獨感。面對這種孤獨感，應該讓生活更加充滿朝氣，也應盡量避免與親人爭執。相反地，老年人應多注意調節自己的心態，理智地面對自己的孤獨。

人的「老」有許多種類型。如「生理衰老」、「心理衰老」、「壽命衰老」、「容貌衰老」等不同的種類。其中身體機能逐漸衰老，稱為生理衰老。如果一個人的樂觀心態減少，憂愁苦悶的心態增加；善心產生變化甚至減少，冷漠的心不斷增加；理想、信心、希望之心逐漸隨著歲月幻滅，而萬念俱灰的心卻增長，這些就叫做心理衰老。如果一個人的生理狀況時時刻刻都處在代謝狀態中，使得壽命不斷縮短，乃至到達極限，稱為壽命衰老。一個人原本飽滿紅潤的容貌儀態在歲月中產生不可抗的變化，本身並非病態，稱為容貌衰老。

可見，即便由於生理的原因而使人走向衰老，屬於不可抗的變化之外，人也可以通過自己的努力讓心「不老」。由於人的身心互相影響，所以假如內心依然年輕，便自然會減緩人的「生理衰老」、「壽命衰老」和「容貌衰老」。

那麼老年人應該如何使自己的心態保持年輕呢？首先應對於自己的身體以及身

外之物，保持「淡然」的態度。有這樣一個故事。有一位窮苦的老太太，詢問釋迦牟尼佛「生老病死」、「五陰六根六大」（統治人的身心）等從何而來。佛回答：「來無所從，去無所至。」人從「空」中來，人從「空」中去，對生死和身外之物又有什麼可執著的呢？老太太聽到這話之後十分歡喜，連忙說道：「蒙佛恩得法眼，雖身羸（ㄌㄟˊ，瘦弱的意思）老，今得開解。」

其次，老年人務必要注意調節自己的內心，做到樂觀、豁達、熱心和信心不滅。也就是說，在老年時仍然做自己力所能及的事情，自利利他。看淡身體和身外之物，再積極主動地修養自己，自利利他，那麼就能順利保持年輕的心態，甚至處於一種「不老不死」的狀態中。

當我們在年老之時，仍然能夠無私地想到別人、為別人設想，那麼「無私者無畏」，面對不饒人的歲月和孤獨，我們仍然能夠坦然、樂觀、積極、熱情、豁達地生活，而不是煩惱、恐懼和惱羞成怒。這就是老年人真正的解脫——身老心不老。

老年人要盡量避免孤獨、忘卻孤獨，最好的辦法就是學會和自己獨處。獨處不等於孤獨，它只是人進入老年後的一種生活方式而已，身心不老的老年人一樣可以把獨處經營得如同藝術一樣。作為老年人，特別是單身的老年人，退休後一個人住在偌大的屋子，面對空蕩蕩的屋子，難免會感到孤獨。時間久了，孤獨便成為一件很可怕的事情，即使擁有子女，但可能會因為工作忙碌、出國深造，或者身體欠佳等而無法時時陪伴。無論是何種原因，獨處是無法避免的。所以，對老年人來說，渴望安度甚至享受晚年生活，學會獨處是必要的階段。

獨處也是一種能力，並非任何人在任何時候都可以具備。具備這種能力並不意味著不再感到孤獨，而在於和孤獨達成一種和諧的平衡，並使之具有生產力。人在寂寞中有三種狀態。一是惶惶不安，毫無頭緒，一心想逃出這孤獨的空間或感受。二是漸漸習慣孤獨，在獨自一人的生活裡建立起生活的條理，利用讀書、寫作或別的事物來驅逐孤獨。三是寂寞成為一種創造的契機，誘發出關於存在、生命、自我的深邃思考和體驗。

從心理學的觀點看，人之所以需要獨處，是為了進行內在的整合。所謂整合，就是把新的經驗放到內在記憶中的某個恰當位置上。唯有經過這一整合的過程，外來的印象才能被自我所消化，自我也才能成為一個既獨立又茁壯的系統。所以，一個人是否擁有獨處的能力，關係到一個人能否真正形成一個相對知足的內心世界，而這又會進而影響到他與外部世界的關係。

老年朋友要善於獨處，必須注意以下幾點：

一，享受獨處。獨處時，沒有應酬，沒有干擾，享受清淨的周圍。所以，老年人可以試著把獨處當作一種與自我共處的休閒生活方式。

二，學會掌握獨處的祕訣。人要學會獨處，首先要調整自己的內心。心不靜則神不寧，神不寧則身難處。如果心裡總是無法安靜，甚至混亂，要完成和自己獨處相對困難。從養生的角度來說，靜心才能養心，養心才可健身。

三，要學會善於獨處。獨處不是一個令人恐懼的怪物，人的情況各有不同，愛好與興趣不同，獨處的方法也就不同。獨處的時候，能夠讓自己保持快樂的方式都可以採用。只要勇敢面對獨處，樂於面對並且善於面對獨處，那麼獨處也是一種藝術。

獨處是人生中的美好時刻和美好體驗，雖然有些孤獨，但孤獨中卻又有一種充實感。獨處是靈魂生長的必要空間，在獨處時，我們從繁瑣的事物中抽身而出，變回原本的自己。和他人一起談古說今，分享生活，那是閒聊和討論；唯有自己沉浸於古往今來的大師們的傑作之時，才會有真正的心靈感悟。和別人一起遊山玩水，那只是旅遊；唯有獨自面對蒼茫的群山和大海之時，才會真正感受到大自然的脈動。如果獨處也可以像藝術一樣，那麼老年人的內心也就如同一個花園，老年的生活就如同生活在一個美麗的花季中。

為退休後的精彩人生做準備

退休等於老了？退休就等於沒出息了？退休後就只能在家養花種草了？如果現在的你還這麼認為，那麼你就錯了。現代人的生活方式隨時都在變化，生活裡的激情更沒有年齡之別。不少為工作忙碌的人早早便為退休生活做好準備，讓好日子從六十歲開始。

很多人為退休提前做準備的時候，選擇了學習新知識和新技術來充實自己，以便實現二次就業。各種培訓班裡出現不少大齡學員，烹飪、手工織品、外語能力、財務會計等皆是老年人傾向學習的熱門專業。

我的朋友周先生，今年五十六歲，距離退休還有三年半的時間，目前正準備考取會計師證照，希望退休後能實現二次就業。周先生每星期上四次課，每晚六點五十分開課。下了班，吃過晚飯，他六點三十分就抵達學校，從不遲到。班上有二十多名學生，授課的教師們都是二十多歲的年輕人。剛開始，他對於自己的年齡有些不好意思，但發現班裡還有三四位和自己同齡的同學，便開始習慣這個群體。他說：「以前六十花甲，七十古稀，現在按國際說法，六十五歲以下都算是中年人。那我們退休時都還是中年人，腦袋靈活，身體健康，要趁這時候多學點東西，免得虛度光陰。」周先生認為，現代社會不是環境適應人，而是人去適應環境。無論什麼年齡，都要用新的心態去面對不斷改變的社會環境。

退休不是結束，而是新階段的開始。年輕的時候為工作忙碌，很多人在生活方面比較簡單。到老年的時候，很多人開始為退休生活做美好規畫，有人準備買新車新房，享受生活；準備旅遊，看看世界的不同。

當一個人身體健康時，不一定擁有財富；但當一個人擁有財富時，卻不一定有時間；當一個人有財富又有時間時，又必須擁有健康的身體，因為這麼好的時機往往只屬於退休後，那時的人們才可以盡可能地去做喜歡的事。

美好生活屬於有準備的人。過去，人們往往把退休後的生活定位為養鳥種花，安度晚年。其實，這種情況讓很多人難以適應退休前後的落差，生活中無所事事，精神上萎靡不振，心理上失落不已，感到生活無趣，自己不再受重視，引發了身心方面的諸多問題。為退休做準備的熱潮，其實是現代人在新環境下所作的新抉擇，更是一種積極生活態度的展現。

而從另一個角度來說，多學習一門技藝，在退休後繼續從事新的行業，不僅能使退休人員的自身價值得到體現，同時能使社會人才資源得到充分利用。退休是一個階段的完成，而不意味著事業的終結，用新的心態去面對下一個階段，也是使社會充滿活力的需要。

第三章　老有所依：兩個人的夕陽裡歌唱愛情

老人，情感仍是第一需求

王小姐是一位醫學博士。她的性格好勝，從來沒有什麼事能讓她為難。然而近來，家裡發生的一件事卻讓她一愁莫展——她六十歲的父親要與母親離婚。她說：「父母親的性格不太相合，原本以為兩個人爭吵歸爭吵，沒想到兩人卻在老了的時候決定要離婚。」

她的父親是一所大學的校長，母親是出版社的編輯。父親性格淡然，母親性格剛烈，家裡的任何事都由母親決定。一開始，兩人常常為了大事小事而爭吵不休。慢慢地，父母由「氣頭上的爭執」轉變為「冷戰」，兩人相處的氣氛也逐漸變得冷漠。

當時，王小姐和她的妹妹都還小，或許是為了孩子，父母並未在當時提出離婚。後來父親埋頭研究學術文章，接連出版了幾部著作，成為了校長。在這期間，王小姐也明白，她的父母表面上相安無事，都在盡自己的職責維持一個家庭的平靜與安寧，但兩人終究是話不投機半句多。在王小姐的記憶裡，很少有全家人其樂融融的畫面。父親總是很忙，很少在家裡，即使在家裡也很少說話。

今年初，她的父親退休了。也就是這時候，父親提出要和母親離婚。他說：「我這一輩子，是人前風光，人後悲傷。現在孩子們都長大了，不用我們擔心了。退休之後也沒有重責大任壓在我的肩膀上，不用再擔心別人說三道四了。我要尋找自己的幸福。」

王小姐表示，起初不同意父母分手，雖然他們不是相濡以沫，但畢竟還是一起過了幾十年的人。但就在不久前的一個下午，王小姐有事回家，看見父親一個人蜷縮在沙發裡閉著眼睛，臉上有兩條不易察覺的淚痕，她突然發現父親很孤獨。從很久以前開始，父母就已分房，婚姻形同虛設。現在，父親老了，失去工作，子女們也投入全新的人生階段，另一半卻和自己形同陌路。淒涼的晚景，惴惴不安的心情，頓時令王小姐感到一陣心酸。父親理應擁有一個幸福的晚年，父親應該重新找

老人，情感仍是第一需求

一個伴侶開始新生活。可心裡又很矛盾，離開母親，他會真的找到幸福嗎？沒有母親，他能有今天的地位和成就嗎？母親該怎麼辦？父母如果各自再婚，要一次面對兩個新組成的家庭，將來該怎麼向外人介紹自己的家庭？王小姐感到十分痛苦。

近年來，和王小姐有著同樣痛苦的並不在少數。專家認為，近年來老年人離婚有上升的趨勢。以前忙於工作和事業，無暇顧及感情生活，淡化和掩蓋了生活中的矛盾。退休以後，面對的是整個家庭、伴侶和子女，生活中的不和諧逐漸暴露出來，和伴侶的一些問題與矛盾也變得無法原諒甚至不可忍受，最後不得不以離婚收場。所以，老年人的離婚現象其實非常值得關注和重視。

老年人的感情應該得到尊重。許先生中年喪偶，自己一個人含辛茹苦將三名子女撫養成人，並將他們送到了國外生活。當最後一名子女也前往國外以後，許先生面對空蕩蕩的房子，連一個說話的人都沒有，感到十分孤獨。後來，他透過相親，結識了一位女子。

透過交流，兩人非常聊得來，交往一陣子後許先生也決定再婚。本以為子女都在國外，思想必定開放，沒想到三位子女得知後，全部趕回家裡，要求許先生立下遺囑，身後的財產以及房子要全部留給他們，而許先生再婚的對象不得干涉介入。

許先生聽後傷心欲絕。

我曾經看過某報紙報導過一位再婚的老年人，登報要和自己的女兒斷絕親子關係。母親一個人把她拉拔長大，然而當母親決定再婚後，女兒不但多年不看望母親，還利用各種手段想要搶奪母親的財產，甚至還指責母親出言不遜，令母親傷透了心。

俗話說，「少年夫妻老來伴」。年輕人追求愛情，老年人也擁有同樣的權利。喪偶或離異的老年人都因為孤獨而更需要情感的慰藉，需要呵護安慰。老年人需要愛情，並不是什麼無法接受的醜事。子女不尊重長輩的感情，不同意長輩再婚，無非幾點原因，一是出自於觀念，部分子女認為父母再婚是難以啟齒的醜事；二是攸關經濟，擔心父母再婚後影響了自己的繼承權；三是關於贍養關係，認為父母再婚後便會為自己增加負擔。於是，許多子女不尊重父母的情感選擇，對長輩再婚的決定一再干涉，甚至苛責長輩，令長輩痛苦。因此，保護老年人追求感情的權益，是每個人的責任，不管任何年齡，都須尊重一個人的感情選擇。

愛情讓老年人容光煥發。已退休的王先生和馬小姐再婚後，生活和諧且美滿，認識他們的人都說，兩人彷彿年輕了十歲。馬小姐也表示，再婚後的自己非常快樂，天天都像是度蜜月。總有人說：「老無所伴難處大，老有所伴好處多」，我深切感受到了這一點。一是減輕了雙方子女的負擔，兩人互相扶持、互相照顧，雙方子女也不必時時掛念。而且老年人再婚，彼此都有所依靠，在經濟上互相扶持，生活上互相照料，精神上互相慰藉，生理上互相滿足，感受幾十年都沒有感受到的幸福。

王先生非常贊同伴侶的一席話。他說：「兩個人一起生活確實很有樂趣。無論是去買東西，還是早晨鍛煉身體，逛逛街什麼的，我們都形影相隨，生活非常充實。」

老年人再婚是刻不容緩的社會議題。一，是精神上的需要。老人從熟悉的職位退休後，面對的不再是工作流程，而是一個家庭；從一個社會人士變成一個家庭人士，和子女的溝通有一定的困難，畢竟生活的時代背景不一樣。現在的人們都是生活在高樓大廈裡，人與人的交流越來越少。老年人的情感得不到關注，長期下來便會誘發各種心理和生理上的疾病。其次，老人再婚也是作為人最基本的生理需求之一，東方文化向來十分忌諱談論「性」的議題，只要老年人身體健康，心理健康，也需要擁有性生活。現代醫學研究證實，適度的性生活，不僅可以增強肌體免疫力，同時還可以緩解心理壓力，延緩衰老。談情說愛並不是年輕人的專利，老年人同樣需要夫妻之間的情愛，需要來自伴侶的關心和體貼。老年人只有身體健康，能夠生活自理，才能建立更多的自尊。

勇敢地追求自己的幸福是每個人的權利，願天下的老年人都擁有一份屬自己的幸福。珍惜自己不老的愛情，就是珍惜生命與健康。

快樂和痛苦都需要分享

生活需要伴侶，快樂和痛苦都要有人分享。沒有人可以分享的人生，無論面對的是快樂還是痛苦，都是一種懲罰。

有一個故事，述說一位猶太教的長老，平時熱愛打高爾夫球。在一次教廷規定的安息日，這位長老非常想要打高爾夫球，但教內規定，信徒在安息日必須休息，什麼事都不能做。然而這位長老最終沒能忍住，偷偷前往高爾夫球場。因為安息日當天，猶太教徒都不會出門，所以球場上一個人也沒有，這也使長老鬆了一口氣。

然而，當長老在打第二洞時，卻被天使發現了，天使生氣地到上帝面前，指稱這位長老不守教規，居然在安息日出門。

上帝聽了，便答應天使會好好懲罰這個長老。然而當自從老開始打第三個洞開始，仍持續獲得完美的成績，幾乎都是一杆進洞。長老非常高興，一連打到第七個洞時，天使終於坐不住了，於是又來到上帝面前：「上帝呀，祢不是要懲罰長老嗎？」然而上帝卻說：「我已經在懲罰他了。」

直到打完第九個洞，長老的成績都十分完美。也因為打球的過程太過順利，於是長老毫不猶豫地決定再打九個洞。得知此事，天使又找到了上帝：「到底懲罰在哪裡？」上帝只是笑而不答。

打完十八個洞，成績比任何一位世界級的高爾夫球手都優秀，長老非常開心。而天使則十分不滿地繼續追問上帝：「這就是祢對長老的懲罰嗎？」

上帝說：「正是。祢想想，他有這麼驚人的成績以及興奮的心情，卻不能跟任何人說，這不是最好的懲罰嗎？」

莫讓伴侶成「拌侶」

「老伴老伴，老來作伴。」部分老年夫妻，相處愈久感情愈深，時刻都形影不離。然而，部分人隨著年紀愈大，性情卻愈怪異，夫妻間的隔閡也逐漸加深，以致伴侶成了一說話就止不住爭吵的「拌侶」。

有一對老年夫妻，年輕時，丈夫對妻子不夠關心體貼，而妻子選擇忍氣吞聲，將繁瑣的家務全部打理得井井有序。如今，子女們都長大成人，十分孝順妻子，妻子覺得有了依靠，便漸漸不再承受丈夫的脾氣。而丈夫的大男人主義始終不改，事事都十分霸道，見子女們都向著妻子，心裡更是不平衡。於是，夫妻動不動就開始爭吵辱罵，天天一小吵，三天一大吵，夫妻之間的關係越來越糟糕。

直到有一天，丈夫病倒了，妻子趕緊將他送到醫院，日夜照顧、關懷備至。丈夫深受感動，含著淚對妻子說：「千好萬好，還是有妳最好啊！」此後，這對夫妻才成為了彼此人生上真正的相守伴侶。

夫妻間有矛盾非常正常，偶爾爭吵也情有可原。可有些老年人隨著心理、生理的老化，自我意識越來越強，什麼事都必須順著自己的心意，夫妻間相處不愉快，鬧得分居甚至分道揚鑣，便是最糟糕的結局。

要避免另一半成為另一「拌」，還是同樣的話：「夫妻兩人都得學會寬容。」在意見不合時，多換位思考，替對方著想。年輕時懂得為心愛的人設身處地，年長後更應保持。每當爭吵的時候，仔細想想「老伴老伴，老來作伴」這句話，多記得伴侶的優點、記得伴侶平日裡的好，「怒火」也就會煙消雲散了。

所以說，夫妻相敬相愛的一個重要原因是心理相容。相互認知和理解，相互尊重和愛護，相互信任和體諒。那麼，老年夫妻怎樣才能心理相容呢？縱觀恩愛夫妻的經驗，可歸納為三點：

一，心理「磨合」。兩人的性格、愛好和生活習慣並不會完全一樣，只有在互相尊重的前提下不斷磨合，才能相互適應。應該尊重對方的興趣和愛好，儘量滿足對方的心理需求，並積極參與對方喜愛的活動，共享其中樂趣。有一對年老的夫婦曾一同賦詞作詩，彼此擁有共同的興趣和語言。同時，應充分理解和尊重對方的生活習慣，愛其所同，敬其所異。就好比有一對夫妻，一個喜歡吃飯，一個喜歡吃麵。兩人經過長期磨合，不斷改變著各自的習慣，將南北方的口味融合成一道道菜餚，不僅尊重了對方習慣的飲食文化，也將自己習慣的飲食文化加以改善，使婚姻得到兩全其美的結果。老年夫妻應注意情感交流，使磨合成為感情互動和加深的過程。

二，心理「攙扶」。步入老年的人總會渴望另一半能給予精神寄託和生活照料，這是其他感情所不能替代的。當一方因生理變化或發生某些意外而產生煩惱和苦悶時，另一方的心理「攙扶」和生活照顧，都會使對方從精神上得到慰藉。在對方罹病時，另一半可用關懷的語言詢問病情，鼓舞對方戰勝疾病的信心，並盡量減輕對方的心理壓力，及時攜其就醫。若對方遇到諸如丟失錢財、失手損壞物品等不愉快的事，切忌責怪，而應盡力安撫，以減輕其心理負擔。老年人碰到煩心事，總想找人一吐為快，這種宣洩的對象當然是自己的另一半最為理想。因此，任何一方都不應責備對方心胸狹窄或其嘮叨，而應主動接受對方的宣洩，並進行勸慰、疏導，排解其內心的痛苦。

心理「保鮮」。老年夫妻在年復一年的日常生活中，容易趨向過分求實而缺乏浪漫，滿足現狀而保持平淡，正所謂「老來情比少時淡」。因此，雙方要不斷創造魅力，以持續吸引對方，相互滿足情愛和性愛的需要。可在日常生活中多讚美、多欣賞對方，比如「你穿這件衣服真漂亮」，「你今天的氣色特別好」等等，使對方感受到你對他的關注，並為你保持自己的魅力。健康和諧的性生活，更是夫妻心理「保鮮」的重要一環。老年夫妻往往因一方性功能衰退而引起性生活失調，另一方就要加倍關懷和安撫，並共同商討更適合自己的性愛方式，以不失老年情趣。老年夫妻更應情重於欲，在相互關注、相互扶持下，保持雋永而溫馨的感情生活。

攙扶人生

只要是晴朗的早晨，都能準時看到一對老年夫婦的身影，妻子在丈夫的攙扶下緩緩地散著步。她是個半癱瘓患者，只能由丈夫攙扶才能行走。丈夫攙扶著半癱瘓的妻子，在一段林道上散步，這樣的畫面已有六年多了。而那名妻子也由先前每行一步便花費許多力氣，到如今由丈夫輕輕攙扶著就能順利前行。

六年前，剛過完六十歲生日的妻子不幸罹患了腦血栓，因搶救及時，保住了生命，但卻留下了嚴重的後遺症。面對思緒混亂、癱瘓在床的妻子，丈夫的責任一下子變得沉重無比。除了餵食擦身、處理排泄物以外，他還得設法幫助妻子重新站立起來。最後在醫院治療效果不佳的情況下，丈夫決定將妻子接回家，採用民間療法。他購入大量關於半癱瘓方面的書籍資料，勤奮鑽研，同時從生活中尋找良方，虛心請教、精心護理，避免妻子出現褥瘡。丈夫每天都堅持和妻子聊天，儘管妻子時常答非所問，他依然不厭其煩，持之以恆。在丈夫不懈的努力下，愛果然能創造奇蹟！妻子癱瘓在床的時間裡，妻子非但沒有罹患褥瘡，且身體日漸好轉，思緒也逐漸清晰正常。丈夫非常高興，同時決定要攙扶妻子，堅持每日鍛鍊行走。假日，丈夫便叫來子女，一同將妻子攙扶起來在室內練習走路。剛開始，妻子雙腳麻木，舉步維艱。但丈夫沒有灰心，一邊鼓勵妻子，一邊持續按照原計劃進行。幸好過了一段時間，妻子的雙腿漸漸恢復感覺了，起身之間也輕便了許多。後來，妻子只需丈夫一人攙扶，就能起床練習走路。為拓展訓練空間，丈夫又攙扶著妻子來到院子練習走路，爾後又來到戶外的林道上。丈夫說外面空氣新鮮，有助於妻子的康復，而妻子在丈夫的照顧下，終於恢復了健康。

其實，許多年前丈夫也曾病魔纏身，是妻子堅持不懈地陪伴著丈夫，努力擺脫了病魔，恢復了健康。丈夫三十多歲時罹患了嚴重的肺結核，這個疾病在當時很難醫治，病症時常發作。丈夫進出醫院無數次，導致家中積欠的債務愈來愈多。看著丈夫那骨瘦如柴的身軀，咳嗽時那上氣不接下氣的痛苦模樣，妻子十分揪心，她決定繼續醫治丈夫，既然沒有金錢支付醫療費用，妻子便自己去尋找藥方。但要去哪裡得到藥呢？碰巧，妻子有位朋友是中醫師，於是她就向這位朋友尋求幫助，得到了藥方，便自行採集草藥，回家再讓丈夫服下。當家裡生活條件太差，丈夫營養不良，妻子就親自捕魚，給丈夫補充營養。她就這樣數年如一日地悉心照料丈夫，無怨無悔。當時與丈夫一樣罹患此病還有其他人，但都不幸去世了，唯有丈夫奇蹟般地痊癒，而且越來越健康。

人生需要攙扶，夫妻間的彼此攙扶，是順暢人生之路的關鍵。然而，不少人卻忽視了這一規律。在風光時，忘卻了風雨路上需要相互攙扶的道理。人生的路十分漫長，難免會遇上事業的挫折、身心的病痛，這時更離不開家人的關愛和有力的攙扶。

更愛人生的另一半

愛情是沒有年輪的，八十歲老人依舊可以從中找回豆蔻之年的感覺，夫妻也可以從中重拾初戀的情愫。更愛人生的另一半，留住了年輕，留住了浪漫，延長了幸福的時光。

「我能想到最浪漫的事，就是和你一起慢慢變老。」伴侶是許多老年人的私生活中，最密切、最重要的一部分。研究顯示，七十歲以上的老人，有伴侶的長壽之人比沒有伴侶的老年人還要多。原因是有人作為生活伴侶，除了可以在生活中互相照顧外，還可以舒解精神壓力。比如今自己煩悶的事，因為有伴侶的陪伴，便可無話不談，從而以更為輕鬆愉快的態度去面對生活。

這個道理很容易理解。幾十年夫妻生活，從黑髮走到白髮，還有什麼是對方不瞭解的呢？一個人的鬱悶，分給了最瞭解自己的人，自然會找到一個最佳的排解方式；一個人的快樂，分給了最理解自己的人，自然會昇華為更多的快樂。生活中，擁有幸福晚年生活的老人，無一不有這樣的一個感慨：

伴侶是和自己相守到老的人——父母陪伴不了我們一生，子女長大了也自會離家，只有與自己同甘共苦的伴侶，才是今生最重要的依靠和陪伴。

伴侶是自己的另一隻翅膀——這翅膀不僅僅只有左膀右臂的功用，它是一種精神上的鼓舞，是一種思想上的理解和支持，更是促使生活愈加幸福的真理。

伴侶是今生最大的驕傲——世間的功名與利祿並不能帶給我們真正意義上的幸福，只有當自己擁有一個能夠理解和支持自己的伴侶，才是人生最值得驕傲的一件事。

由以上的幾方面，我們至少可以得到這樣一個共識。伴侶才是自己今生最重要的人。當然，重要的人也需要我們用心去呵護。老夫老妻，朝朝暮暮，幾十年締結的感情，共同的生活、波折與命運，使雙方都產生了深深的依戀感。這，是任何一種情感也代替不了的一種深厚的愛。

這愛更像是一顆種子，從孕育在土壤裡的那一天起，就注定要發芽，並且開花結果。雖然老年的愛情不如年輕時那般熱烈和激情，也不像中年人那般曲折迂迴，但這份愛卻在時間的沉澱中，蛻變為一種引人陶醉的陳釀。在老年人與另一半共度的生活裡，一般會有三種類型的愛，隨著歲月變得越來越香醇：

一，友情之愛。自己說的話，另一半最懂，自己的心思，另一半再明瞭不過。甚至一個眼神，一個動作，哪怕只是不經意間的一個神情，對方也能心領神會。沒有經年累月的默契，又怎能達到如此境界？少了年輕時期的熱情浪漫，老年生活裡需要的是互相理解與支持、贊同與扶持，這不是一種濃厚的友情之愛，又是什麼呢？

二，親人之愛。有人曾說，老年夫妻是沒有血緣關係的家人。丈夫看著滿臉皺紋、牙齒脫落的妻子，宛如自己寸步難行的母親；而妻子視老態龍鍾、兩眼昏花的丈夫猶如相依為命的父親……親人之愛在時間的累積中漸漸蛻變為一種濃郁的親情，無法割捨。

三，戀人之愛。有愛情才有婚姻，有婚姻才有家庭，有家庭才能擁有一個屬於自己的「天堂」，擁有自己的一份幸福。愛情不是年輕人的專利，它是人類共有的天性。進入老年以後，愛情的激情確實少了，但卻變得更真實、更牢固。

進入老年以後，通常夫妻之間的生活會變得平淡。許多沒有心理準備、不善於調節生活的老年人會明顯感到夫妻關係變得乏善可陳，從而出現厭倦、煩惱、疲憊，這種心理症狀被稱為「厭倦伴侶綜合症」。但如若兩個人之間，有著濃厚的情感羈絆，生活又怎麼會平淡無趣呢？

生命中的太多偶然是我們不可控制的。雙宿雙飛並不能決定我們就一定會同來同去，夫妻雙方，也許會有其中一人先到達生命的終點。但這就是人類的宿命，任誰都無法避免。只要兩人相守的日子是幸福的，是沒有遺憾的，另外一個世界的事，是不必過多考慮的。再說，不也有很多老人在晚年尋找到了自己的第二個春天了嗎？

晚年生活的幸福美滿，離不開與伴侶心意相通，離不開真心真意的互相關照。所以，作為一個和老伴相依相偎的人，就應當從自身做起，用心對待伴侶，真心付出，用細膩的照顧與關心點燃晚年的愛情、親情之火。

互為表率夫妻多長壽

你是否想過，如何表達對伴侶的愛？實際上，你不僅能為老伴帶來歡樂，也同樣能讓老伴更健康長壽。美國華盛頓州立大學就為此給老年夫妻們提供了一些建議。

華盛頓州立大學的臨床心理學副教授，約翰．魯伊茲曾指出，一個人的性格可以影響另一半的健康。他曾調查了一百多位接受過心臟手術的男性患者，並對其術後八個月的生活和健康狀況進行了記錄。結果表明，妻子如果神經緊張，容易焦慮、急躁，患者就更容易罹患抑鬱症，並使其心臟病發作的機率增加。

因此，讓自己快樂，也讓伴侶快樂。當然，這並不意味著自己要忍氣吞聲，而是要善於表達自己的感受，這會讓彼此的心情更暢快，身體更健康。

壓抑怒氣會影響壽命。研究人員對一百九十二對夫妻進行了十七年的調查，這些夫妻處在憤怒的情緒時，雙方都會壓抑怒氣，展開冷戰；而部分夫妻至少會有一人表達自己的感受，做到及時溝通。結果顯示，習慣壓抑負面情緒的夫妻，壽命較為短暫。

因此，美國密西根大學的科學家厄內斯特建議，夫妻雙方要適當地表達自己的憤怒，既要傾訴，又要學會冷靜地傾聽對方的想法，不要一味地打斷對方的話，進而阻礙對方傾訴。樂觀的心態會連帶影響伴侶的心態，這也是一種互為表率的行為。

而在老年夫妻中，據說體重過重也會互相影響。如果另一半的體重過重，那麼自己體重過重的可能性也會增加百分之三十七。所以，想讓對方減重，就要自己做出表率。同理，想幫助另一半改掉不良的生活習慣，首先要從自身做起，杜絕不良的生活習慣。戒煙限酒多運動，很快地，另一半也會被自己影響，願意努力成為更好的伴侶。

老年朋友們如果想讓老伴更幸福，那麼就讓自己做一個幸福的表率吧！

為老年人再婚助力

中年喪夫的王小姐今年七十歲，早已退休在家。隔壁的李先生今年七十三歲，同樣喪妻，獨居在家中。兩人在日常的交流中，相互產生了感情，進而想重新組織一個新家庭，卻遭到了雙方子女的反對，認為兩人的歲數過大，此時還要結婚，令人無法理解，於是兩位長輩只得忍痛分開。

老年人再婚被稱為夕陽情、黃昏戀。其實，不論從老年人的心理或生理需求來講，王小姐和李先生的子女們的作法都十分不理智。狄德羅在《修女》中寫道：「人，生來就是需要伴侶。如果奪走他的伴侶，把他隔離起來，他的思想就會失去常態，性格就會扭曲，千百種可笑的激情就全在他的心頭升起……」

俗話說，少年夫妻老來伴。老年人無論在生活上還是在精神上，都與年輕人一樣需要得到另一半的關心和體貼，老年人有老年人的愛好、興趣和生活習慣，夫妻共同生活時間愈長，愈有助於健康長壽，孤獨或夫妻長期不和的人容易衰老。日本的一項調查發現，孤獨生活的男性往往比起擁有另一半的男性，壽命提早十八年結束，而女性則提早五年結束。

現代醫學證明，夫妻恩愛能保持心情舒暢，減少惡性情緒的刺激，機能分泌出大量對健康有益的激素，使血液的流量、神經細胞的興奮及免疫系統的功能達到最佳狀態，從而提高抗病能力。相反，人孤獨時，則易使內分泌功能紊亂，內臟器官功能失調，久之會使免疫力下降，誘發各種疾病，危害身心健康。

老年人要求再婚，有他們再婚的理由。有些理由是晚輩的能體諒的，有些理由是無法體諒。但不能因為無法體諒，便阻止老年人再婚，婚姻自由是憲法賦予每個人的權利。

老年人再婚重組家庭後，應盡量避免打擾他們的生活。但並不是完全置之不理，而是當長輩無事時，盡量避免增添困擾。當長輩有需要時，便時時給予幫助。

另外，雙方子女的關係是維繫老年人婚姻的一個很重要的因素。雙方的子女要互相信任，互相尊重，互相幫助，在照顧長輩的問題上不可有依賴的打算，遇到問題時，雙方一定要靜下心來互相商量，免得產生不必要的誤會。

老有所伴，也是老年人生理的正常需要。老年人安度晚年，不僅需要有良好的社會環境和子女的親情，更需要夫妻之間的和睦互愛，其中老年人的性生活是一個不容忽視的問題。臺灣曾針對老年人的性生活做出不少相關調查，統一結果皆表示全臺灣六十五歲以上的老年人中，有三分之一的老年人仍擁有性生活。

隨著銀髮族逐漸廣大，作為子女，更應該對長輩再婚給予充分理解和大力支持。合法的兩性關係既能使人在精神上有所依託，生活上相互照顧，同時性愛欲望也可以得到滿足，這無疑會給老年人帶來健康、充實、美滿、幸福的晚年生活，添福又添壽。社會在發展，人的思想在進步，作為晚輩，要敢於向陳規陋習和世俗偏見挑戰，為老年人的再婚助一臂之力。

第四章　老有所愛：朋友是第二個「我」

「好人緣」是一種健康的感情投資

有一位八十八歲的高齡老人。他的另一半早年便去世，子女們也已各自成家立業，剩下這位長者獨居。

然而，這位長者卻不像一般獨居者那樣鬱鬱寡歡，身體硬朗的他每天總是忙碌著。附近居民們不是遇見長者在打掃樓梯，就是在樓下與人下棋聊天。這位長者的生活極有規律，每天早起到附近學校與好友一起打乒乓球，鍛煉身體，然後吃早餐，打掃房間，再騎車到社區大學學習書畫。子女們擔心父親年歲大了，本想聘請照服員，但長者硬是拒絕，說自己習慣一個人了，突然有個外人與他一起生活反而不自在，於是，子女們也只好作罷。

在這個社區，沒有人不認識這位長者，每個人遇見長者都是熱情地打招呼，而長者也總是開心地應答著。樓下的張小姐看著長者的背影感慨地說：「這位先生這麼長壽，是他人緣好。」細想想，張小姐的話也不無道理。

所謂好人緣，是指親友、同事、鄰里等皆能友好相處、和睦團結的人際關係。「好人緣」不僅是一個人樂觀正向的外在表現，同時也是有益於自身健康長壽的一種良藥。國外有專家曾經對兩千七百名人進行了長達十四年的跟蹤調查，結果發現，心胸開朗、人際關係良好的人，壽命都比那些脾氣古怪偏執、極少與鄰里來往的孤獨者高出許多。那麼，「好人緣」者為何會長壽呢？我認為主要有以下三點：

好人緣者，有無私的奉獻精神和坦蕩的胸襟。與鄰里及同事相處總是以禮相交，以誠待人。總是抱著「寧讓人負我，我不負人」的信念與人相處，別人有困難，總是盡力幫助，待人熱情周到。好人緣者的寬闊胸襟，正是健康長壽的第一要素，因為遇事想得開，才不致讓不良的情緒鬱積在心頭而徒增煩惱。

好人緣者，自然會擁有眾多朋友，得到更多的幫助。俗話說：「種瓜得瓜，種豆得豆」、「人敬我一尺，我敬人一丈」，良好的人際關係，其實也是一種健康的「感情投資」。當自己對他人付出了所有的真誠後，自然會得到他人真誠的回報。在付出和擁有的過程中，自己也得到了精神上的愉悅。而當自己遇到困難和不幸時，那些曾經得到過自己幫助的人們便會出手相助。或是在自己情緒低落時，知心的朋友會圍繞在身邊為自己排憂解難，使自己重新快樂起來。

好人緣者，也會有極強的免疫力。由於與周圍的人相處得和諧、友好，心地坦蕩，光明正大，心情整天處在愉快之中，沒有不良情緒的困擾，其內循環系統會處於最佳狀態。血流暢通無阻，呼吸暢達順氣，新陳代謝旺盛，無疑更利於自身的養生保健。可見，好人緣之利於健康長壽，比任何良藥都更有效。

友情是滋潤心靈的雨滴

與同齡人交友，可以排遣內心寂寞，增添生活色彩；與年輕人交友，可以緊追時代步伐，感染青春活力。人到晚年，體質的衰老無法抗拒，但友情卻是滋潤心靈的雨滴，它使得我們永保青春。「千金難買是朋友，朋友多了路好走。」人到晚年，行走在人生的大道上，此時如果能有一群情投意合的友人聚集身旁，未來的路必定會更多樂趣，更少艱辛。

退休後，老年人的社交圈驟然狹窄了許多，許多人都會因此無法適應，覺得生活缺失了色彩，變得單調。子女忙於工作，孫子女忙於學習，此時能夠為老年人帶來日常樂趣，讓老年人重新找到年輕活力的，也只有朋友們了。湊齊三五知己一起晨練、登山，是舒體健身之樂；一起打牌、跳舞，是休閒之樂；一起下棋、研究投資，是活躍思維之樂。這些積極的社交活動不僅令人精神舒爽，更有利於保持健康的心理狀態。正所謂「多交一個朋友，多增十年壽命。」

古人云：「君子之交淡如水。」老年人已過了浮華之年，早已拋卻功利之心。對於老年人來說，交友無非貴在知心、交心，並將快樂相互分享。基於此道，在眾多的交際圈中，多年相交的老友，自然是老年人的首選。朋友不但與自己多年相識、相知，更是經歷了時間的考驗，是真正能與自己交心的朋友。

因此，朋友是人絕不能放棄的精神夥伴。為了讓這些夥伴常存身邊，我們不妨多讓以下這些良好的習慣存在我們的生活，助友誼長存。

對友人常笑臉相迎。當我們微笑時，朋友的心情也會隨之愉悅，而當我們煩惱憂愁時，朋友也會被我們的負面情緒所感染。當歡樂一分為二，每個人得到的快樂都是之前的兩倍，如若我們能常常對朋友笑臉相迎，不但能因此得到雙倍的快樂，更能讓我們的友誼之樹始終長存。

克服過度的自尊心，人度待人。當我們的自尊心過強，便會在不經意之間處處計較他人的一言一行。長此以往，便會影響自己與他人的交往，甚至使自己成為「孤家寡人」。當我們放下面子，對朋友那些隨意之舉不加計較時，他人便會因為我們的大度更加尊重我們。

在這裡，值得注意的一點是，與朋友的交流中，主動的謙讓和諒解十分重要。如參加娛樂比賽，應該以切磋技藝、增長技能為目的，堅持友誼第一、比賽第二的原則。不然，因為一些小事而傷了和氣，難免會破壞了大家多年的友誼。

經歷過時光考驗的老友自然無比珍貴，但也不必固步自封，把自己的交際圈侷限在同齡人之中。現代的社會進步之快超越以往任何一個時代。想要不被時代的車輪拋離，交友觀念就要與時俱進，多跟年輕人進行交流，其好處可謂多多。

一，可以緊跟時代潮流，感染青年們的活力，使內心常保青春。

二，可以更多更深入地瞭解年輕一代的想法，理解雙方思想。

三，可以向後輩們傳授多年來的生活經驗和人生感悟，發揮潛力。

忘年之交往往基於興趣愛好。在十八世紀，歐洲不少退休貴族的公館都成了年輕藝術家們的藝術沙龍。吸引大批年輕才俊的不僅僅是公館主人的熱情招待，還有東道主在藝術方面的良好品味和高深造詣。在這些沙龍中，大批的優秀作品被創作出來，新的藝術派別和藝術理念層出不窮，而主客雙方都收穫了樂趣和成績。雖然我們都不是貴族，也沒有生活在十八世紀的歐洲，但是事不同而理同。如果自己有書法、繪畫、寫作，或下棋、烹飪等愛好，如遇上志同道合的年輕人，發展一段珍貴的忘年之交，必定會被傳為一段佳話。

人到晚年，體質的衰老無法抗拒，但仍可以保持心靈的青春鮮活。友情正是滋潤心靈的雨滴，它使得我們的靈魂保持新鮮，免於枯萎。跟同齡人交友，可以排遣內心寂寞，增添生活色彩，享受屬黃昏的種種樂趣；跟年輕人交友，可以緊追世界步伐，感染青春活力，忘卻人到老年的種種憂傷。事實上，生活在友情氛圍中的老年人很容易辨認，因為他們總是容光煥發、神采奕奕。

為老而尊，方可享受尊老的禮遇

如果說愛幼是人性本善的自然流露，幼小的孩子引起、激發了人們的保護欲，慈愛之情真情流出，那麼，尊老又是因為什麼原因呢？是否老了就理所應當地應該享受他人後輩的尊敬呢？儒家文化之尊老的含義，有誰詳細考察、深入研究過呢？

在一個社區裡，下午四點多鐘，人來人往的人行道上，一名七十多歲的老頭，右手拿著用超市宣傳單的紙所捲成的紙棒，使勁抽打著前面一個十來歲男孩的臉，嘴裡還不停地罵：

「你這個沒禮貌的小孩子，撞到了人還罵人？！」

小男孩扶著腳踏車，一動也不敢動，任由那位長者打著。我有事正好路過，就下了車，聽見孩子小聲地辯解：「我是為了躲你，你一直往我這邊過來。」

的確，我看到這位長者時，對方是在腳踏車的專屬道路上逆行，並沒有按照規定走在人行道，是長者先違反了交通規則。

然而幼小的孩子還沒有自衛能力，又無人保護，只能站在原地被長者不斷施暴，無力還擊，周圍更是沒有人出面阻止。然而我作為一名家長，實在無法充耳不聞。

「別打孩子！」我大聲地喝止。那位長者便遲疑了一下，然後又忍不住打了一下孩子，才終於停止動作，卻還是持續辱罵。

回到家裡，這一幕始終在我眼前。孩子不懂事，身為長輩卻完全沒有任何作為長輩的模樣。即使那個孩子真的撞傷了他，那便聯繫父母，賠償一筆醫藥費便可，作為長輩，他沒有權利毒打一個毫無還擊力的孩子！為老不尊，行為乖張，一點小事都無法包容，這樣的人活了七十多歲，該如何讓後輩尊敬？

經歷過這件事，我懷疑起「尊老愛幼」這句話的正確性。愛幼是當然的，幼是希望，幼是陽光！為什麼要尊老？難道就因為活了一把年紀？日月穿梭、四季更替，生長衰亡，誰都會老的，沒有什麼稀奇。沒有說服力，這點不足為憑！

「尊老愛幼」，我認為愛幼應該是無條件的；尊老，卻應該是要有條件的：大部分老人慈祥、寬容、仁厚，值得尊敬；但總有部分老人，心胸狹窄，並不值得後輩尊敬！

為老而尊，方可享受尊老的禮遇。

忘年交：老人健康的良方

美國發表的一份對長壽老人的調查報告顯示：長壽的年長者通常朋友居多。在接受調查的一千七百三十名八十歲左右的年長者中，廣結朋友的年長者占了百分之八十三以上。現代醫學認為，當人們在生理和安全需求等方面得到滿足之後，對歸屬和尊重等人際交往的需求便成為「迫切需要」。作為萬物之靈，人必須依附群體生活，才能保持旺盛的生命力。年長者退休後，迫切希望能與知心朋友交心、溝通，一旦得到朋友的理解、信任和幫助後，使人心裡湧起一種愉快欣慰的感覺，大腦就會分泌一種物質。這種分泌物是一種自然的鎮靜劑，能使人內心獲得溫暖，解除心中的煩悶，使心理功能處於最佳狀態，增強人的免疫力。而性格內向、老來無所事事者，一般為孤獨寂寞所困擾。人若長期陷於寂寞的「陷阱」之中，心中有憂鬱無處傾訴，心中有苦惱無法吐露，久而久之，便會憋出病來。

對於老年人來說，老友之外，還要多結交「忘年之交」。年輕人朝氣蓬勃，奮發向上，頭腦敏捷，接受新鮮事物快，多和年輕人交朋友，能使年長者重新感受童心，調節心理，保持愉快心情，消除孤獨、寂寞、煩躁、憂鬱等不利於健康的情緒。

英國一名年長的醫學家，在一次對早衰者的調查中發現，約有百分之七十六的早衰者在生理衰老之前，都會出現不同程度的心理衰老。並由此而認為，防止心理衰老對老年人的健康至關重要。而「忘年之交」正是防止心理衰老、延年益壽的良方。

「忘年之交」就是放下年齡、職業、輩份、性別的一種平等社交活動。老年人和年輕人結為無話不談的摯友，並保持往來。老年人閱歷較深，經驗豐富，這是年輕人所缺少的。而年輕人接收的新鮮事物既快速且一點就通，並且通常擁有朝氣蓬勃、進取心強的特點，這恰恰是老年人所缺乏的。通過「忘年之交」，讓「缺少的」和「富有的」一起交流，年輕人所具有的充滿活力的特點，對老年人起著潛移默化的作用，從而達到忘我境界，甚至產生青春重返的感覺。

然而，根據老年健康調查顯示，有百分之七十以上的人由於精神衰老而出現不同程度的性格改變。部分人說話幼稚，舉止輕率，以自我為中心；部分人則遇事反應遲鈍，喜歡追根究底，稍不如意就發脾氣。一些生理學專家把這種現象叫作「第二次兒童期」，也就是人們通常所說的「老小孩」。

為什麼有些年長者會變成「老小孩」呢？這是人體衰老的一種生理現象，主要是大腦結構的改變和腦功能退化的結果。例如腦細胞營養缺乏等，都會出現不同程度的腦體積縮小和腦神經纖維變短。這種改變發生在大腦額葉時，就會出現記憶力不好、遇事容易激動以及行為幼稚等；發生在顳葉時，就會出現語言遲鈍、聽力減退、視力下降等現象。老人智力活動往往因人而異，有文化修養的人，好學上進的人，性格堅強的人，其智能活動的衰退一般很晚，很少出現「老小孩」現象。因此，為防止出現此現象，中老年人應注意用腦，並保持樂觀的情緒和堅強的意志。

雖然有著較大的年齡差距，但彼此結為知己，仍可以無話不談，大有「相見恨晚」、「酒逢知己千杯少」之感，這就是「忘年之交」。

年長者與年輕人結為一對真摯的好友，對年長者來說至少有以下幾點好處：

一，年輕人具有精力充沛、思想活躍、富有開拓精神等特點，有些老年人所缺少的正是這些。由於受年齡老化、體虛力衰、記憶減退、行動不便等影響，老年人容易發生精神萎靡、生活懶散、畏縮不前、保守閉鎖等情況。與年輕人交友，就好像在陰暗的屋子裡打開一扇窗，讓陽光和新鮮空氣進入室內，老年的心理狀態也會重新活躍起來，以朝氣代替暮氣，心理年齡縮減，做到人老心不老，恢復青春活力。

二，年輕人與老年人所處的環境不同，對事物也會有種種不同的理解和想法。

彼此交流，對老年人來說，也能開擴眼界，增長新的知識，瞭解年輕人的想法，消除「代溝」，對自己的子女、親友等來說也可多一番理解，對促進人際交往，改善人際關係也很有好處。

三，老年人受年齡的影響，體力和精神必然逐步衰退，在日常生活中難免會發生種種困難和問題。尤其是子女不在身邊的老年人，這一矛盾可能更為突出，有了「忘年之交」就是有了一個很好的幫手，而老年人具有豐富的經歷和知識，也可使年輕人得到學習的機會，彼此互助，更會促進友誼，共同受益。

「忘年之交」使老年人忘記了自己的年齡、輩分、性別、職業等情況，進行無拘無束的社交活動。這樣使老年人彷佛又回到了童年時代，萌發出童心、童趣，使自己感到愉快、樂觀、輕鬆和充滿希望，消除煩惱和憂鬱。現代研究表明，「忘年之交」有益於身心健康，是消除心理衰老、延年益壽的有效方法之一。

保持你內心的真誠

人在一個職位上工作久了，必定會產生感情。如果你曾經是個領導者，回想起過去的事業，必定會留下幾分眷戀之情。這並非人性的弱點，恰恰是人性的優點。

然而，人性的優點與弱點又常常是結伴而行的，想把它們徹底分開很難做到，所謂「人走茶涼」便是一例。人走了，茶總會涼，世界上沒有不散的宴席，也不會有永遠不涼的茶水，所以為「人走茶涼」而傷感是大可不必的。「人走茶涼」，並非就是對人情的一種褻瀆，而是生活中的一種正常現象。

生活早已提示我們，茶水如同淚水一樣，都具有雙重屬性，是涼是熱，不能僅憑你的感官去體驗，而要用你的心靈去感悟。心熱茶亦熱，心涼茶亦涼。如同一雙眼睛中既能流出痛苦的淚水，也能淌出幸福的熱淚一樣，一杯涼茶中既能折射出已去的人情，也會充滿著盛情的期待。客人雖未到，但主人早已把茶水準備好了，這不就是一種期待嗎？要相信，人間確有真情在。

關於人情，生活告訴我們的還有很多。人情是十分微妙的，它有時輕得像一張紙，有時又重得如一座山。凡屬人情均錯綜複雜，沒有想像中的單純。萬物隨時都在發生變化，連自己都是多變的。今日所思所盼，到明天或許已蕩然無存；明日所愛所慕，或許恰是昨日所嫌所棄。

人間之情，如日月之輝，晨昏之霧，光照著生活，也朦朧著生活。世態炎涼，人情冷暖，永遠如此。不要期望追求一份永久不變的情誼。明智之舉是，當我們得到一分真情的時候，就應當百倍地加以珍惜，而萬萬不可褻瀆它，褻瀆真情無異於嘲弄人性。假如不幸失去了真情，也不要陷入無盡的苦悶之中，此時最重要的是平靜。對他人要多一些寬容，對自己要多一點反省。倘能在寬容中喚回真情，那就會一掃你心中的陰雲；即使喚不回真情，能在寬容和自省中新增一分悟性，也是值得稱頌的。

人到老年，是最富有悟性的時候。我們回想自己的全部經歷，會明白所謂人情，乃人之常情；人有人情，乃人之天性；生活需要人情，乃生活之特性。想一想，在這個世界上，誰不需要理解和幫助呢？人與人之間如果沒有任何心靈的溝通、物質的連結，世界也許就失去其存在的價值了。生活的可愛，就在於它有情、有愛、有牽掛。事業與工作，對人情也不是在任何時候都加以排斥的。無論在工作還是生活中，通情方能達理，動之以情方能曉之以理，情理相融猶如水乳交融，其魅力是絕對不可小視的。所以，並非只是普通人才需要人情，領導者也需要人情；與年輕人、中年人相比，老年人更需要人情。重要的是如何得到並善施人情。

經驗表明，人情猶如夏日之涼風，自然而生；如山間之小溪，緩緩而流；如晨曦之漫霧，悄悄而去。人情既不能施捨，也不可強求。自私者吝嗇人情，刁蠻者扭曲人情，放縱者亂給人情。這些人不給他人真情，也得不到他人的真情。人情不是招牌，不可用它騙取；人情也不是財物，可以用其換取。人情與理為友，與義為邦。欲同人情相識相隨，最好的途徑，便是保持內心的真誠。

寬容是金

孔子的學生子貢曾問孔子：「老師，有沒有一個字，可以作為終身奉行的原則呢？」孔子說：「那大概就是『恕』吧。」

「恕」，以現代的話來解釋，就是寬容。

一位哲人曾說過一番耐人尋味的話：「天空收容每一片雲彩，不論其美醜，故天空廣闊無比；高山收容每一塊岩石，不論其大小，故高山雄偉壯觀；大海收容每一朵浪花，不論其清濁，故大海浩瀚無比。」哲人之言無疑是對寬容最生動直觀的詮釋。

西漢末年，劉秀大敗王郎，攻入邯鄲，檢點前朝公文時，發現大量奉承王郎、侮罵劉秀甚至謀劃誅殺劉秀的信件。可劉秀對此視而不見，不顧眾臣反對，全部付之一炬。他說：「如果追查，將會使許多人恐慌，甚至成為我們的死敵。而不計前嫌，可化敵為友，壯大自己的力量。」劉秀的寬容使自己成為眾望所歸，終成偉業。

寬容是一種智慧和力量，它不僅是一種胸懷，更是一種人生豁達的境界，寬容了別人就等於寬容了自己，對別人的釋懷，也是對自己的善待，一個人的胸懷能容得下多少人，才能夠贏得多少人。

生活中，我們經常會碰到很多使人感到很無奈的事，有時候也會碰到一些惡意的、真正對不起我們的人，如果不學會寬容，就會把自己陷入無窮無盡的煩惱之中，永無解脫之時。相反，面對一個小小的過失，一個淡淡的微笑，一句輕輕的歉語，帶來包涵諒解，這就是寬容；在生活中能以律人之心律己，以恕己之心恕人，不去苛求任何人，也是一種寬容。俗語有「宰相肚裡能撐船」之說，正說明一個人的度量大、性格豁達方能縱橫馳騁天下。天地如此寬廣，比天地更寬廣的應該是人的心胸！

在人生中，寬容實在是一種無堅不摧的力量。互相寬容的朋友一定百年同舟；互相寬容的夫妻一定千年共枕；互相寬容的世界一定和平美麗。寬容不但是做人的

寬容是金

美德，也是一種明智的處世原則，是人與人交往的「潤滑劑」。常有一些厄運，只是因為對他人一時的狹隘和刻薄，而在自己前進路上自設的一塊絆腳石罷了；而所謂的幸運，也是因為無意中對他人一時的恩惠和幫助，而拓寬了自己的道路。

寬容猶如冬日正午的陽光，去融化別人心中的冰雪，使其變成潺潺細流。一個不懂得寬容的人，顯得愚蠢，也衰老得快；一個不懂得對自己寬容的人，會為把生命的弦繃得太緊而傷痕累累，抑或斷裂。

我們生活在一個越來越不容忽視功利的環境裡，但倘若太吝惜自己的私利而不肯為別人讓路，這樣的人最終會無路可走；倘若一味地逞強好勝而不肯接受別人的一絲意見，這樣的人最終會隱入世俗的河流中而無以向前；倘若一再地責備而不肯寬容別人的一點瑕疵，這樣的人最終會被困在心中的山頂，因缺氧而窒息。

曾有人把人比喻為「擁有思想的蘆葦」，蘆葦的晃動就像情緒的波動，隨時都在改變對事物的了解。人非聖賢，聖賢也有一時之失，我們何以不能寬容自己和別人的失誤？

寬容並不意味對惡人橫行的遷就和退讓，也非對自私自利的鼓勵和縱容。誰都可能遇到情勢所迫的無奈，無可避免的失誤，考慮欠妥的差錯。所謂寬容就是以善意去寬待有著各種缺點的人們。因其寬廣而容納了狹隘，因其寬廣顯得大度而感人。

在日常生活中，當自己的利益和別人發生衝突，友誼和利益不可兼得時，首先要考慮捨利取義。鄭板橋曾說過：「吃虧是福。」這絕不是輕描淡寫的精神安慰，而是一生閱歷的高度概括和總結。生活中並不缺少陽光，所缺乏的只是感受陽光的心。寬容能使他人放鬆，也能撫慰自己。寬容是金。做人如果能夠寬容一點，那麼我們的生活便會變得更加和諧美好！

平靜是老年人最大的幸福

在這個五光十色的現實中，各種欲望充斥生活。太多的物欲誘惑，容易讓人產生攀比之心。許多老年人都自覺或不自覺地有著一些這樣的心理，只是輕重程度、表現形式不同而已。鄰居房子的面積廣大，裝修也很漂亮，自己就心生嫉妒；看到以前不如自己或和自己狀況差不多的同事，家中經濟愈來愈富裕，心中便感到不平衡；親人獲得一筆意外之財，就對其產生憎恨；看到鄰居、同事家的孫子、孫女聰明，心裡就百般不是滋味；看到其他人的孩子有出息，心裡莫名覺得不滿；得知他人身體健康，而自己卻身患疾病，心中就忿忿不平等。

有一位長者，見到自家的寵物不如他人的寵物那般漂亮且聰明伶俐時，便從此不帶自家的寵物出門，還陷入了情緒苦悶的循環，不僅經常毆打寵物、辱罵寵物，甚至不喜歡和他人交流。還有一位長者，過節時看見鄰居的家中熱鬧無比，便心生不平。他不僅四處和他人造謠鄰居的負面形象，而且脾氣也變得異常暴躁，每天飲酒後就對家人發脾氣。

俗話說：「人比人，氣死人」，事實也的確如此。在攀比者看來，晴朗的天空永遠都屬於他人，陰鬱的天空永遠都屬於自己；笑臉永遠是屬於他人的，憂愁永遠是屬於自己的。自己的不幸以及他人的幸福，都能令嫉妒者痛苦萬分。

其實，人與人的情況不一樣，家庭與家庭的情況也不一樣，沒有同等的可比性。聰明的老年人不會和他人盲目攀比，因為他們深深明白，攀比的結果只會是讓自己徒增煩惱罷了。好好的幸福生活不過，何必自找煩惱呢！

一位百歲的長者在談及自己的長壽祕訣時，曾用六個字來概括：「活得簡單一點。」這話說得的確有道理。生活原本很簡單，只是因為我們的私心太重，給它附加了太多不堪重負的壓力；只是因為我們的欲望太多，讓它變得複雜並壓抑；只是因為我們的善妒和不夠豁達，讓它似乎成為了不幸的代名詞。

事實證明，人進入老年後，首先應當協調好的就是自己的心態。而轉換心情的鑰匙，就在我們自己手中。只要我們少一分嫉妒，多一分大度，少一分計較，多一些理解，美好心態所帶來的美好生活就必然會呈現在我們面前。

將攀比之心轉換為祝福之心。當好事落到某人頭上的時候，攀比之心會讓你無比痛苦、寢食難安，祝福之心則會讓你在他人的快樂之中分享快樂、分享經驗。

將嫉妒心轉換為同情心。嫉妒容易使你對他人的幸福感到痛苦，對他人的不幸感到快樂。同情則恰恰相反，它會使你對他人的幸福感到快樂，對他人的災禍感到痛苦。前者有失道德水準，後者則可成為世人的楷模。

將狹小的心胸轉換為豁達的心胸。所謂「海納百川，有容乃大。」當心胸狹小的時候，一根針的煩惱也會刺痛我們；當心胸豁達的時候，即便有無數的煩惱，也必將被我們的包容和大度所一一排解。

前蘇聯作家托爾斯泰有一篇小說叫《一個人需要多少土地》。故事講述了在俄羅斯的某處，有一個貪婪的地主，他用一生掠奪土地。等他即將過世的時候，他侵占的土地已經需要騎馬丈量了。就在他逝世之前，傭人們在原野上為他挖好了墓穴。

平靜是老年人最大的幸福

「讓我最後一次看看自己的安息之處吧！」於是人們把地主抬到了墓穴旁邊。面對墓穴，地主突然明白了一個道理，那就是「一個人的一生，其實只需要從頭到腳六英尺長的土地就足夠了！」

是啊，權力名聲與金錢，不過都是過眼雲煙，不值得為其心生憤懣。一個人再怎麼富貴，也不如一份好的心態；一個人擁有再多錦衣華宅，也不如活著的每一天都很快樂、有意義。我們的嫉妒，我們的羨慕，我們的不平，無一不是因為過分追逐這些世問的身外物。可靜下心來想想，我們早已度過了缺衣缺食的年代，現在的生活富足而安逸，在現有的條件下創造著自己的幸福晚年生活，不也是人生的一大樂事嗎？

過度攀比，不僅暴露了一種狹隘的思想，更會受到他人的輕視。而與人為善、平和自然，則會為我們贏得更多他人的讚譽。好與壞，差距只是一步，只在思維的轉瞬變換間。智慧的人，經歷過無數人間滄桑與榮辱的人，必將能做出明智的選擇。

老年人要做到「不生攀比之心」必須從以下幾點出發：

一，轉移自己的注意力。強烈的攀比心態使人寢食難安，不妨換換環境，把興趣轉移，避免和對方正面接觸。可以和伴侶出去旅行，也可以前往子女家看望，暫時的迴避有益於平復激動的情緒，也可以緩解因嫉妒而產生的煩惱。

二，學會用己之長，比他人之短。人再幸福，也不可能事事如意。當攀比之心油然而生的時刻，不妨來個反向思維——用他人的富貴榮華和自己的樂善好施相比；用他人的房高屋大和自己的簡樸樂觀相比；用他人的兒女有出息和自己的全家和睦、其樂融融相比。當學會正反兩方面看問題，不平衡的心態自然瓦解。

三，轉變思維，學會分享他人的快樂。當嫉妒的情緒蒙蔽了自己的雙眼，別人的幸福與快樂就變成了對自己的變相懲罰；當人學會心態平和、與人為善，別人的快樂就會成為自己的快樂。所以，當別人充滿幸運的時候，請讓我們走向前，真誠地道一聲「恭喜」吧！不僅是恭喜別人喜事臨門，更是恭喜自己分享了這難得的喜悅。

人與人之間本就沒有什麼高低貴賤之分，只是各有優缺點而已。我們不是聖人，也不是完人，憑什麼事事自己都要強出他人一頭呢？人貴在有自知之明，與人相處，既要知道自己的優點與缺點，也要看到他人的優點與缺點，既不能妄自尊大，也不能妄自菲薄。不妒不爭，平靜，和平共處，與世無爭，是老年人最大的幸福！

老年人如何維持友誼

老年人應當同中老年人、年輕人多交朋友，互相交流，認識彼此。這些活動能夠讓人開闊視野，開懷忘情，排解鬱悶，消融悲傷，使自己在朋友的相互影響、相互理解的基礎上相映成趣，相得益彰，從而生活得更充實、更樂觀，開開心心地度過晚年幸福生活。

曾經有一項調查顯示，朋友眾多的老人往往會活得長久，同家人關係密切的老人卻未必會延年益壽。社交網路廣、知己多的老人壽命較長，而朋友和知交少的老人長壽機率不高。該項調查研究是澳洲對於「老年」研究的一部分，研究分析的因素包括健康、生活習慣、經濟狀況等。曾有調查發現，各類的社交活動都有利於人類壽命的延長，這項研究則把重點放在人類之間的哪一類接觸最有利於延年益壽。

研究人員把社交活動分為三類，那就是同朋友交往、向密友傾訴以及同家人相處。他們發現，經過了十年的時間，那些朋友眾多的老人的壽命高於平均壽命，有傾訴對象的人，其壽命也會延長。而那些生活以孩子和親人為重心的人就不會顯著長壽。朋友多寡的老年族群之間，壽命相差了百分之二十。

進行研究的福林德斯大學研究組認為，友情使人變得健康。同時他們也認為，友情讓人減輕壓力，並鼓勵人上進，使人有自信，擁有應對能力、道德觀念以及自律能力。

儘管老年人同家人相處也會有這些好處，但差別就在於人們能選擇朋友，選擇同能讓自己開心的人在一起，但他們卻不能選擇家人。

多倫多一名老年病學家多姆布勞爾認為，研究組提出是否有選擇這一點的確有說服力。多姆布勞爾解釋道：「有些孩子對老年人的健康有助益，有些則會損害老年人的健康。」

研究報告的主要撰寫人吉勒斯說：「當您與朋友的關係不好時，您可以選擇疏離對方，但面對孩子和家人時，就無從作此選擇了。」但她在受訪時強調：「我肯定不會說的是，孩子對您的生存不利。情況並非如此。珍惜友情，廣交朋友。人上了年紀，生活重心不應只是孩子和家人。擁有更多與自己沒有血緣關係的朋友和自己特別珍惜的人，是會帶來更多好處的。」

老年人需要朋友，但老年人交友也應有限度。晚年生活要過得充實，少不了要交一些朋友。如能結交一些年輕朋友，更有利於身心健康。好友之間經常交流思想、傳遞訊息、談古論今，既可增加知識、開闊眼界，更可延緩衰老，保持健康向上的心態。有人以為好友之間應該是親密無間、不分彼此、無話不談，我卻認為，朋友交流間必須掌握好「限度」才能持久。

一，親密「有間」。好友交往做到親密無間，這既不科學也不現實。人際交往保持一定的距離，是尊重對方的一種體現。比如打擾彼此的生活空間，只為聊天等等，是好友之間常有的事，但打擾的次數不宜太頻繁，時間也不宜太長，以免打擾對方的生活。

二，關心「有度」。朋友之間生活上互相照顧與關心，在思想上多做交流，了解彼此的身體狀況、家庭情況，這是人之常情。但是，聊天中盡量避免涉及對方的隱私問題。不要對他人的大小事情都感興趣，追根究底的行為只會引人反感。

三，說話時「拿捏分寸」。朋友相聚，閒聊和抱怨都是正常現象，但必須要注意拿捏分寸，避免四處宣揚同事和鄰里間的閒話。

四，助人「不輕諾」。朋友之間互相幫助是非常正常的，但應根據自己的實際情況量力而為，如果輕許了諾言而不能辦到，在他人心中便會徹底失去信用。

「固執」是不良情緒的催化劑

固執被許多心理學家認定是不良情緒的催化劑。如若我們本已憂心，固執將使我們更加沮喪；如若我們身陷孤獨，固執將使我們備受冷落；如若我們煩悶焦躁，固執將令我們更加情緒不安。固執的情緒不會使事情變得更加好轉，它只會給我們增添麻煩。

這世上沒有一個人說的話全對，也沒有一個人做的事全對，誰都會有不足之處，誰都會有犯錯之時。堅持正確的，我們稱之為恪守真理；堅持錯誤的，我們稱之為頑固不化。孰優孰劣，一辨即明。

相對於年輕人來說，固執的陰影似乎更喜歡纏上老年人，這使得部分老年人聽不進勸阻，做事固執己見，不但僵化了周邊的人際關係，甚至傷害了自己的身體。

既然固執的情緒對我們的影響如此之大，將它拋開，便成為了我們平定心境的第一要事。只是，冰凍三尺，非一日之寒，我們若想改變固執的毛病，也絕非一日之功。正如看醫生也得對號入座，我們首先要弄清楚的是，為何上了年齡，人會變得固執己見，不聽人言呢？

「固執」是不良情緒的催化劑

一般說來，老年人本身都有過一段漫長的社會經歷，在生活中積累了不少積極的和消極的經驗，在過程中也總結了一些成功或失敗的教訓。日子久了，便形成自己對客觀事物的獨有看法。而當這種主觀態度不適應客觀環境時，在旁人看來便表現為明顯的固執。

其次，有一句俗語：「不聽老人言，吃虧在眼前。」人們習慣總結老者的經驗和教訓，以年長者為尊，以年長者說的話為行事標準，這也使得老年人在自己的言行不符合客觀實際時，為了想維護自己的「尊嚴」，而主觀地強調自身言行的正確性。

正因為年長的人有著這樣一些心理特徵，所以遇到一些事情後，即便知道自己的言行是錯誤的，也礙於某種原因不肯承認，並會因為這種錯誤而陷入痛苦，又因不能自拔而變得性情古怪，從而陷入固執的迴圈，一錯再錯。

不過，值得我們思索的是，在社會中成千上萬的老年人中，為何有人冥頑不靈，有人卻可以做到豁達開朗呢？研究發現，如若老年人擁有以下的心理狀態，固執的陰影亦將不再緊緊追隨。

思想開明，勇於擔當生活和事業上的楷模。開明的老人懂得包容與接受不同觀點的重要性，更懂得如何適當地運用自己的學識，成為他人眼中的模範代表。在他們的心目中，包容要遠勝於固執己見。

思想與時俱進。隨著年歲的增加，我們如果不注意學習，便很容易影響對新事物和新知識的接受，僵化的思想也會成為阻礙老年人接受新知的絆腳石。反之，如若老年人的知識增長了，見聞廣博之後，便不會拘泥於自己的框架裡面。

其實，對於那些在家族裡德高望重的老年人來說，固執己見、不聽人言並非是他們維護自己尊嚴的方式。有眾多事實證明，豁達的老年人才更容易被尊敬，開明的老人才會更被人喜愛。由此可見，固執的心理不僅會讓人失去理性，更會使人與快樂的情緒失之交臂。當老年人放開心胸，學會以開放的心態去接受他人，以接納的方式去認可他人，包容、開明的心態，必然會開啟一個嶄新的世界。

「克服固執」不妨從幾個方面來調試自己。一，擁有虛心學習的態度。要克服固執的心理，就不妨試著將自己當作一個需要重新學習的學生。不管過去的貢獻有多大，也無論過去的地位有多高，此刻的自己都需要重新學習，拜他人為師。把心態放平，對人對事的態度自然也就會改變了。

二，多接觸外面的世界。老年人多多接觸外面的世界，不僅可以學到更多更新的知識，亦能使自己的心胸變得更加開闊，心態也變得更加年輕。只有眼界開闊了，才會認識到自己的不足，固執的心態才會愈來愈遠。

三，潛心修煉自己的心境。克服固執的方式固然很多，卻並非是一日兩日便能實現的。想要改掉這個不良習慣，往往需要長期修煉自己的心境，使之達到一種境界，方能放下執著。

固執的最大受害者往往是自己——讓自己不快樂，讓自己離群索居等。其實堅持己見是人人都有的毛病，只不過輕重程度不同罷了。只要學會傾聽他人的意見、參考他人的建議，這個問題也就會迎刃而解。

生氣就是拿別人的過錯懲罰自己

當人因傷心而默默不語，當人因煩惱而悶悶不樂，當人因瑣事而氣急敗壞，有人可曾想過，生氣無非是拿他人的過錯懲罰自己？生活並非時時順利，何必再讓不良的情緒折磨自己，讓事情變得更遭，讓家人更加擔心？對於人來說，當心情不好時，只有及時尋找正確的排解途徑，才會使生活變得更加美好。

當人步入遲暮之年，因種種緣由，煩心之事也不免會接踵而來。煩惱來臨時，部分老年人將其悶在心中，整日不語；部分老人則情緒高漲，將心事一股腦地發洩於外，置當時的環境與身體狀況不顧。

當老年人心情不好，脾氣難免變得激進，這也是人之常情，可以理解。但無論是與自己較勁，或是發洩情緒的方式過於急躁，都是於自己身體無益的。憂愁與煩惱就好像在身體裡肆虐的洪水，及時疏通渠道，比一昧加固河堤要有用得多。無論因何事而悶悶不樂，或因何事而大發雷霆，將這種不良情緒驅逐出去都絕非難事。

不過，大禹治水，雖疏而不堵，如若沒有找到正確的疏通途徑，也是行不通的。古代禹王的高明之處，在於他能夠找到合適的洩洪渠道，這就好比人找到了疏導不良情緒的正確方法。每個人都明白，心事需要及時發洩，痛快地發洩一次的確好過將真話悶在肚子裡。但找誰發洩，怎麼發洩，卻又是一門學問。

說起來，老年人不比活力四射的年輕人，感到煩悶不快，便邀約好友從早玩到晚。對於老年人來說，與其採用激烈亢奮的發洩方式，不如選擇一些安靜、具有積極意義的宣洩渠道，對身心都更加有益。

比起同樣滿腹牢騷的人，有學識的老年人更明事理，心境也更加平靜一些。與這樣的人聊天，不但能及時疏導自己的不良情緒，還能增長更多的學識。中醫認為，氣急攻心。選擇激烈的發洩方式，雖能使情緒好轉較快，但卻於身體無益。選擇節奏平緩的一些發洩方式，既能將不良情緒慢慢導出體外，又能使身體得到鍛煉，可謂一舉兩得。或是將不愉快的心情用文字記錄下來，讓文字承受那些不愉快的心情。古人喜好書法與文章，便是能夠達到聚精凝神、養精蓄銳，說的就是這個道理。

由此可見，只要宣洩方式得當，不但煩惱都會漸漸剝離，朋友圈也會愈來愈大，晚年生活也會越來越豐富。不過將疏導情緒的責任交到他人的手上，始終不妥。試想，當我們一個人待在房間中，或是夜深人靜時，心中的煩悶湧上，又能找誰傾訴心聲呢？

其實，獨自一人時，自娛自樂也是一種不錯的移情方式。我們可以聆聽自己喜歡的歌曲，暫且沉靜於對往事的回憶中，閉上眼睛；或是專心研究自己喜愛的書畫，身心都進入畫中，忘卻人間的煩惱；另外，也可以前往大自然的懷抱，將所有惱人的心事，拋諸九霄雲外。

古有禹王治水患的妙法，今有老年人疏導情緒的良方。其實，無論是眾樂樂或是獨樂樂，只要方法正確、心態良好，不良情緒的洪水都會一瀉千里，不再回頭。

老年朋友要學會傾訴

人需要傾訴，猶如加溫的高壓鍋需要排氣一樣。在生活中，誰都需要傾訴，但相比之下，老年人更需要傾訴。因為，在通常情況下，老年人、特別是一些孤苦無依的老年人，心中的煩悶、憂傷和不快會相對更多一些。並且傾訴不等於發洩。即使發洩，也應作具體分析，不要一概否定。比如，受到委屈後的發洩還不值得同情嗎？

在平時，每個人的外表都裝扮得十分漂亮，實際上，不少人的心裡都有一些難言之苦，家家都有本難唸的經，人人心底都有許多的話，只是不說罷了。

為什麼不說呢？有心理障礙，也有環境制約等方面的原因。做什麼事都會有障礙，從某種意義上講，做事就是在掃除障礙。但心理障礙不同於工作中的障礙，人因心理障礙而不傾吐，把苦悶長期放在心裡，總有一天會徹底爆發。不透過言語表露，也要透過行動體現。所以，聰明人不是不傾訴，只是注意什麼時候去傾訴，對誰去傾訴以及怎樣去傾訴。

生活告訴我們，孤獨的人需要傾訴，傾訴可以換來快樂；受委屈的人需要傾訴，傾訴可以得到同情；弱者需要傾訴，傾訴可以贏得支持；空虛的人需要傾訴，傾訴可以變得充實。

一般地說，應該向理解自己和自己所相信的人去傾訴，因為理解與信任本身就是一種力量，它可以幫助你化解憂愁，消除痛苦。如果對方是自己忠實的朋友，不但可以為解憂，也可以分愁。如果對方是自己的主管，不但可以開導，也可以另尋實際的辦法。如果對方是自己的親人，他會說：「有我和你在一起」。只要找到信任的人並傾訴，相信都會收到好的效果。

所以，老年人有煩惱，不可長期悶在心裡，必須找時機向朋友和親人傾訴，這是非常必要的。傾訴不僅是精神上的需求，也是生理上的需求。精神健康與生理健康之間有著非常密切的聯繫。傾訴與沉默，都應當成為人生方程式中的因子。

傾訴的方法有多種多樣，應因人而異。在悲苦難耐之際，大哭一場，可以讓煩惱隨淚水一起流出。精神分析學家認為，流淚能將體內過剩的壓抑物質排除，使人的體內物質保持平衡，從而消除壓抑。一些老年人的經驗表明，寫信或寫日記也是傾訴的有效方法。寫信給自己的知心朋友，把煩惱寫在紙上，煩惱也好似隨信而去。在日記中寫下你的苦痛，抒發一些感慨，寫完後也會有痛快淋漓之感。

人不僅需要傾訴，而且要學會傾訴。女性的平均壽命高於男性，除了生理等方面的因素外，女性也比男性更擅長傾訴。這也從一個側面告訴我們，傾訴有多麼地重要。

「難得糊塗」是老年朋友的大智慧

「難得糊塗。」這句話不僅對年輕人大有裨益，對老年人而言，更是非常有益。人到晚年，與其精明一些，不如偶爾糊塗一次。這糊塗不是不聰明，不是不智慧，而是一種精明的大智慧，一種超越智慧的大境界。

鋒芒畢露的精明與假裝糊塗的大智慧實在不可同日而語。當人斤斤計較時，總是會因絆腳的石頭而苦惱，而大智若愚者卻會將石頭踢到一邊，眼中早已收穫了眾多美麗的風景。千百年來，人們一直對於何種人最聰明頗有爭論。有人認為，凡事精明算計，乃為聰明；另有人說，懂得見風使舵者，不失為一種聰明。但所有的看法，卻都不及蘇軾的那句：「大勇若怯，大智若愚。」來得透徹與深刻。

古人的智慧實在不可小覷，那句「人不可貌相，海水不可鬥量」是永遠不會過時的至理名言。楚莊王三年「不鳴」時，其身邊又有幾人不覺得他是一位糊塗昏君？而終到他「一鳴驚人」之時，四周的人方才恍然大悟，讚嘆聲隨之而來。這便是糊塗的智慧。古代帝王學會糊塗，可將其用作一種政治策略，而對於現在的老年人來說，學會糊塗非常必要。因為糊塗對於老年人而言，不僅是一種由內而外的修煉，更算得上是一種真正的智慧，一種經歷了時間洗禮的睿智之舉。

對於老年人來說，還有什麼比健康更加重要的事情嗎？為了自己的身體健康，在某些事情上面糊塗一些，又何嘗不是一種智慧之舉呢？事實是，在老年人的生命旅程中，假裝糊塗比起事事精明有益處得多。糊塗讓人的眼光更加長遠，真正聰明的人從不著眼於眼前的小利，往後的大利便接踵而來。其實，大智若愚者並非依靠運氣行事，其人目光更加長遠，運籌帷幄，只是不露聲色罷了。

糊塗使人心態更加良好。懂得糊塗的人，不會被小事打擾心情，也不會因小事而鬱結煩悶。他們看透了人間百事，因此，對於某些事情，他們深知聰明在外不如糊塗行事。因為糊塗，他們看得更開，心胸更加寬闊，心態也更加良好。

糊塗使人更有人緣。「非禮勿聽、非禮勿看、非禮勿言」，在此，也可將其理解為一種糊塗的境界。試想，人們究竟願意和一個處處看似精明的人走得更近，還是樂意與一個懂得糊塗的人為友？事實顯而易見了。

當老年人自以為對某事擁有錦囊妙計之時，不妨將手放在胸口，問問自己：「一直糾纏於此事，於己可有益處？」在這件事上浪費時間，又是否真的值得？畢竟，我們的時光已寶貴如金，將時光耗費在一些無關的小事上，又豈是真正明智之人所為。遇事糊塗一些，不僅可以放寬胸懷，更可省下大量時間，完成自己喜愛之事。

但無論如何，老年人運用糊塗的智慧，絕非是為了自我欺騙。在許多事情上，眼睛雖假裝看不見，但心裡一定要對此有座天秤，孰是孰非，都要做到心中有數。這就好比一場棋局，最開始步步為贏的人並非一定能笑到最後；而假裝糊塗之人，會令對手放鬆警惕並漸漸落入陷阱，這才是真正的高手。

老年人要學會糊塗，可以從幾個方面入手。一，眼不見心不煩，糊塗一些心更寬。煩惱之事不入眼，在記憶中便不會存檔，自然也就沒有煩惱找上門來。不妨對於一些看不過眼，卻又無傷大雅的小事，切莫自尋煩惱。

二，大事抓，小事放，糊塗一點更悠閒。原則上的大事自然是不可不管，但一些與己無關的小事，不妨睜隻眼閉隻眼，讓它過去也就罷了。老年人偶爾糊塗行事，避免過於勞心，自在一些豈不更好。

三，管千事，管萬事，眼拙心明才管事。無論我們心繫千事、萬事，如若無法看到事情真正的本質，那麼即便看到的事情再多也是無用的。人應當做到眼拙心明，納天下於眼中，卻要不為所動，乃到當出手時方出手。如此，之前的糊塗才是一種大大的英明之舉。

再銳利的寶劍，也需常待劍鞘方能保其鋒利，如若長時間將鋒芒裸露於空氣之中，遲早會被水分與氧氣侵蝕，變得鏽跡斑斑。老年人也是如此，如若事事算計，將精明隨處運用，便會看見許多看不過之事，聽見許多聽不過之言，時時被煩惱纏繞。糊塗更像是一把保護傘，將智慧深藏於胸，令人免於憂愁的侵擾。

第五章　老有所養：再糊塗的老人親情不糊塗

家是什麼

在美國洛杉磯的街頭上，有一個醉漢倒臥在此。警察將其攙扶，發現竟是當地知名的富豪。當警察說要送他回家時，富豪卻說：「家？我沒有家。」

警察指著不遠處的別墅問：「那是什麼？」

富豪望著那棟富麗堂皇的房子，只是平靜地說：「那是我的房子。」

家是什麼？一九八三年，發生在盧安達的一個真實的故事，盧安達內戰期間，有一個叫熱拉爾的人，三十七歲。他的家庭有四十個人，父親、兄弟、姐妹、妻子與子女幾乎全數喪生。最後，絕望的熱拉爾打聽到五歲的小女兒還活著，於是輾轉數地，冒著生命危險找到了自己的親生骨肉，他悲喜交加，將女兒緊緊摟在懷裡，第一句話就是：「我又有家了。」

在這個世界上，家是一個充滿親情的地方，有時是竹籬茅房，有時是高屋華堂，有時也在無家可歸的人群中。沒有親情的人和被遺忘的人，才是真正沒有家的人。家是親人和親情，不是居住的大房子。

家是人們賴以生存的環境，人們一生都會對家有一種依戀。在溫馨家庭中生活，人們會有安全和幸福感。相比之下老年人更需要穩定、舒適的家庭生活環境，只有多年生活的家才能使老人生活安逸、自在、平和，這也是老年人晚年生活不可缺少的。

可現實生活中，並不是所有的老人都能在這樣安穩的「家」中享受晚年生活，他們會因搬遷、子女離家及子女不孝等問題，或子女出於善意，讓老年人改變新的生活環境，使老年人離開自己生活了多年的家。

老年人從相對穩定的生活環境到一個新環境需要一個適應過程。當老年人改變了多年的生活方式，無疑會給生活帶來許多不便和心理上的不適，會使老年人產生心理困惑與苦悶。比如有位長輩，三個月在女兒家，五個月在兒子家，似乎彼此都在互相照應，子女也不用為照顧長輩而奔波，但卻打亂了長輩多年習慣的生活方式。長輩到女兒家才剛適應，又要去兒子家適應新的環境和生活方式，這便給長輩出了一個難題，要求長輩提高適應能力，無論是吃的、用的等多方面短時間內都要去適應。對於個性倔降的長輩來說，更是難以接受的，易使自己出現緊張和不適。這種動盪不安的生活，使部分老人產生一種好似「無家」的煩惱。

老年人隨年齡增長，適應能力相對弱化一些，生活方式和環境不宜任意改變。即使生活環境有所改變，老年人的生活方式也應盡可能保留，讓老年人隨心所欲地生活，才能使所有人的生活安逸。

當父母老了的時候

有一位父親曾經在給子女的一封信裡這樣寫到：「我們都老了，不再是原來的我們，請你們做子女的理解我們，對我們要有一點耐心，不要嫌我們嘮叨或是前言不搭後語。當我們吃飯時不小心把飯菜掉到桌子上時，請你們不要責怪我們！請想一想當初的我們，是如何親手餵你們吃飯喝水。當我們的生活無法自理時，請不要埋怨我們遲鈍，請想一想，你們小的時候，我們是如何為你們打理好生活的一切。當我們話說到一半卻忘了接下來要講什麼時，請給我們一點回想的時間，讓我們想一想再說。其實，談論什麼並不重要，只要你們在旁邊聽我們說下去，我們就很滿足了。

孝敬其實並非一定需要多少金錢，在力所能及的範圍之內，你們時時牽掛著我們就行了。飯後，端一杯熱茶給我們；陽光燦爛的日子，陪我們出門散散心，和朋友聊聊天。等你們結婚生孩子，常回家看看，我們就十分開心。

當你們看著我們漸漸變老，直到彎腰駝背、老眼昏花的時候，請不要悲傷，這是自然規律。要理解我們，支持我們！當初我們引導你們走上人生之路，如今請陪伴我們走完最後的旅程。

給我們一些愛心吧！我們會回報你們感激的微笑，這微笑中凝聚著我們對你們無限的愛！」

比爾蓋茲曾經說過：「天下最不能等待的事情，莫過於孝敬父母。」有人認為，學習與工作比較重要，暫時孝順不了父母也情有可原；有人認為，父母的身體還很硬朗，還用不著自己照顧；有人認為，做好工作、成就事業就是對父母的最大寬慰，即使現在孝順不了，等將來有更好的條件了，再孝敬父母也不遲。也有人以「自古忠孝兩難全」來寬慰自己。但是「天有不測風雲，人有旦夕禍福」，人的生命旅程往往是難以預料的，特別是老年人，原本就經不起病痛的折騰，若再遇上天災人禍，意外降臨時，才使人後悔莫及。

有一位朋友談到自己的母親時，感慨地說：「母親罹患糖尿病，生前她就已經失去了兩條腿。通常有人與我談及母親彌留前的種種情況，我都是侃侃而談的，並不以為這是觸動了傷心事。生老病，最後化為烏有，是生命的規律，不是什麼大問題。倒是生命中的數十載輾轉，如何去應付諸多的不如意，才是至大的學問。但從母親的病，我從中得到很大的啟示：即對父母盡孝要趁早。趁著還有時間，要盡心盡意去做，否則一定會後悔的。」

朋友表示自認自己對於母親並無遺憾，因為一切可做的都為母親做了。對於失去雙腿的母親，朋友並沒有把她當作病人，一切的家庭活動都有她的份，外出吃飯、旅遊、購物等，甚至是逛百貨公司都會帶著她一同前往。朋友早已習慣了外頭異樣的目光。當然，最重要的是母親沒有任何心理障礙。她熱愛生命，不怨天尤人，更習慣了命運多舛。這是做為後輩最引以為榮的。

朋友的母親去世時七十一歲。尚未失去雙腿之前，她過的是含飴弄孫的日子。失去雙腿以後，她也絕非無法再快樂的一名病人，因為她的心沒有病。她一生所期盼的都盼到了——子女成家立業，各自都有了幸福的歸宿。這名母親深深愛著自己的孩子，而孩子也非常愛母親。於是她總是說：「我沒有什麼不滿足的。每個人的命運不一樣，上帝讓我失去腿，但我的孩子們都沒有嫌棄我。在這方面我是完全滿足的。」

無腿而心靈無憾的母親是子女們的驕傲。朋友表示，每當回憶起母親的音容，心裡都不會覺得有所遺憾。

身體髮膚，受之父母。教育成長，離不開父母，父母為我們付出了那麼多，盡孝應是我們天性與責職。羊有跪乳之恩，鴉有反哺之義，何況萬物之靈的人呢？可惜卻有人忘了時間流失的殘酷，忘了生命的短暫，忘了世上那一輩子都報答不完的恩情。常在一些懷念逝去父母的文章裡，讀到有人父母在世時未盡孝，甚至見最後一面的機會也沒把握住，從而悔恨、自責，痛心疾首，生者只能在清明節時以磕頭以炙香來寄託哀思。那是一種悲痛的傷情，然而更多的是給人以啟示：「盡孝也應趁早，否則就無以言孝。」

生活裡，我們常常說要盡孝，要陪陪父母，可我們又常常找各種理由為自己開脫。總認為自己很忙，工作壓力大；週末還要和自己的家庭成員相處等等，認為沒有多餘的時間。其實很多時候，我們有時間上網、聊天、看電影、玩遊戲、逛街等等，但在陪伴父母這件事上，卻經常覺得自己沒有多餘的時間，一而再拖延。

「百善孝為先」，最不能等待的事情就是孝順。很多人常常在自己功成名就和邁入老年的時候，才後悔沒有陪伴父母，所謂「樹欲靜而風不止，子欲孝而親不在」往往都要等到真的體悟了，才能明白其中的道理。

為什麼不從現在就開始，對父母盡一盡孝道，盡可能地多陪一陪父母呢？孝順本來是天底下最簡單、最容易的事，一封書信的問候，一張賀卡的關心，一聲電話的報備；或是一段生活的佳音，一個可掬的笑容，一件長輩喜歡的小物件，或是給父母斟上一杯酒，沏上一壺茶，倒上一杯水，為他們洗腳、剪指甲，陪伴父母閒話家常等，都會讓父母感到歡喜，陶醉在子女的孝順之中。天下的子女們，不必等到功成名就，衣錦還鄉，也不必等到時間充裕時從容盡孝。從此刻起，從小事做起，抓緊時間，趁父母還健在。

不需要回報的愛

這是無意中看到的一則故事。有一個小孩子，在他很小的時候，經常去一棵大樹下玩，大樹也常對他說：「讓我們一起開心地玩吧！」每一次那個小孩都答應了。後來，小孩長大了，不再是原來的那個只知道玩的孩子了，可是大樹還是對他說：「讓我們大家一起玩吧！」孩子卻說：「不，我現在不想玩了，我想要玩具，你能給我嗎？」

大樹說：「我沒有玩具，我只有果實，你可以把果實拿走，換成錢去買玩具。」孩子聽後，便很高興地把果實摘了下來，並用此換成了玩具。

很多年過去了，當年的小孩子已長大成人，並且有了自己的家庭。這一天，他又來到了大樹下，大樹還是對他說：「讓我們一起玩吧。」孩子說：「不，我現在有自己的家了，我需要房子，你能幫我嗎？」

大樹說：「我沒有房子，可是你可以把我的身體拿走，當作建房的材料。」孩子照大樹說的做了，於是大樹就只剩下了一個樹樁。

就這樣，幾十年過去了。這幾十年中，風也走過，雨也走過，當初那個孩子也成了一個老人，這一天他又來到了大樹前，大樹對他說：「我現在什麼也沒有了，我幫不了你了。」老人卻說：「我現在什麼都不要，只想休息一下。你能幫我嗎？」

大樹說：「那你坐下吧！」

老人坐在了樹樁上，就這樣，大樹用他的全部，幫助了這個孩子，可以說，它為這個孩子付出了所有的一切。

如果把這棵樹比喻成父母，把孩子比喻成自己，那就是父母為了撫育孩子長大，一生付出了無數心血，可是作為孩子，卻似乎永不知足。父母撫養孩子成人，不求任何回報，可孩子卻總是認為父母付出的不夠多。

有人說「知足常樂」，但我們知足了嗎？為了不讓撫養自己成人的父母心寒，從現在開始，好好地報答父母的養育之恩吧！

正確看待子女的孝與不孝

人人都會老去，人人都希望有孝順的子女。只是，隨著時代的不斷進步，「孝」的定義雖然未曾改變，但其內涵卻在悄悄發生變化。

「孝」不但是人們年老之後的精神支柱，更是許多老年人相互炫耀的一種資本。有人說：「幸福老人的喜劇有一半是由子女導演的，而不幸老人的悲劇則有一半是由子女釀成的。」這個說法很是貼切，因為生活中這兩方面的事例都不少見。

有兩位長輩，他們就住在彼此的對面。其中一位長輩每天都很開心，喜歡和孩子玩。而另一位卻大不相同，這位長輩每天都把自己關在家中，很少離開。當樂觀的長輩想要帶他出門時，他卻總是陰沉沉地說：「我這孤苦伶仃的，下樓摔倒誰照顧？」原來，樂觀長輩的兒子每個月都會過來看望自己，並給長輩帶來大包小包的零食。而另一位長輩卻恰恰相反，除了無人看望以外，唯一的女兒偶爾打來電話，也是和自己嚷嚷著要錢。以至於這位長者整天面對冷冰冰的屋子，心情又怎會舒坦呢。

家有兒女孝，活到九十不顯老。沒錯，子女是父母的溫暖所在，子女的孝順使父母容光煥發。但也不可過分看重子女的孝順，以免曲解了「孝」的本意。

其實，隨著時代的不斷進步，「孝」的定義雖然未曾改變，但其內涵卻在悄悄發生變化。古時候，子女不但要為父母守孝三年，還必須結廬齋戒，若是現代，恐怕連逝去的老人也會搖頭嘆氣。古人賣身葬父、割肉救母的典孝事例，雖令人稱讚，卻實不可推行。試想，如果子女為了父母情願放棄事業、放棄生命，老年人又豈會真的開心？

為了自己的心情，為了自己的健康，我們實在應做到「孝」亦不大喜，「不孝」亦不大悲。自己的孩子，自己還不了解嗎？孝與不孝又豈能憑藉簡單的言行判斷？如若認為子女不孝，就先要弄清楚不孝的原因是什麼。

經濟條件的差異性。貧富階層等，苦苦掙扎只求溫飽的人並不在少數，送禮的多寡並不能成為判斷孩子孝順與否的標準。如若子女在艱辛不已的生活中還能惦念父母，為父母著想，做長輩的更應當體諒他們、鼓勵他們。

兩代人之間溝通不善，父母與子女之間若不能常常溝通，時間久了，之間的鴻溝必然會越來越大，最終導致彼此無法理解。如若雙方溝通順暢了，相互理解了，孝順與和睦也自然會回到家中。

「孝順」也畏懼攀比心理。有些老年人喜歡拿他人的家庭和自己相比較，有些老年人更是喜歡以他人的孝敬之行要求自己的子女。可是，世上沒有完全相同的兩個人，硬給子女的孝心套上框架，不僅讓子女為難，也給自己的心掛上了一把沉甸甸的大鎖，這又何苦呢？

事實上，許多老人心中認定的不孝行為，有時並非子女真的存有不孝之心。在父母的心中，子女若能在百忙之中抽空探望，每日照顧，噓寒問暖，那是再好不過；而在年輕人看來，行孝不一定要放在嘴上，更不一定要日日有所表示。兩輩人對於「孝」的不同理解，也就造成了雙方之間認識上、想法上的差異。

子女對父母盡孝，形式其實是多樣的。尊敬和關愛是一種孝順的表現，體貼和照顧是一種愛的表現，甚至就連子女在外堂堂正正做人，不也是對父母最好的安慰嗎？對此，為人父母者唯有用心體悟。

其實，人人都會老去，人人都希望有個孝順的子女。只不過，將自己的快樂寄託在他人的身上，始終不妥。誰該為老年人的快樂負責？說穿了，除了子女盡孝心以外，老年人還要時刻提醒自己：「我的快樂我做主！」

老年人要少為兒孫憂

曾經有兩位退休的年長者。一位退休後，捨不得吃穿，天天在外工作。為了什麼呢？為了幫大兒子買一套房，為了讓小兒子的婚事辦得更加體面，為了存一筆大學的費用給孫子。這位長者在一家公司裡每天早出晚歸，工作十幾個小時，一年、兩年、三年……長者的伴侶則負責幫兒子們安頓三餐、照顧孩子。兩個兒子靠著父母這棵大樹，日子過得清閒自在、無憂無慮。人老無少年。不久，長者的身體出現許多病徵，終於有一天，他倒在了路上，再也沒有醒來。其伴侶十分傷心，不久後也跟著離開世間了。他們留下了一套住房和十幾萬元的存款，同時也造成了後輩們的你爭我奪。公司工會組織出面調解無效，最後鬧上法院，對簿公堂。

另一位長者，也有兩個兒子。大兒子技校畢業後投入職場，娶妻生子成了家；小兒子大學畢業，走進了社會。長者把兩個兒子找來，對他們說：「你們都能自立了，我也老了。你們知道，買房子要幾百萬、幾千萬，當你們的孩子上學，一個人的學費也不便宜……這些我都無能為力，沒辦法幫你們。我們的養老金，只夠我和你們的母親日常花費，僅剩的存款也只能留著，以防萬一。因此，今後你們的事，你們自己作主解決。同樣，我們的事我們自己作主。」此後，兩個兒子發憤圖強，大兒子一邊工作一邊讀書，取得了大學學歷，成為某企業的一名工程師；小兒子一邊打工一邊攻讀博士學位，不久應聘進入南部一家外資企業任職，年薪十萬。而這對父母則牽手漫步林蔭大道、廣場、公園，或雙雙垂釣於河塘，一起尋訪名勝、旅遊於名山大川。他們越活越年輕，過著高品質的晚年生活。

兩位退休老人，兩種活法，兩種結局，頗有人生啟迪。

一個是「人生不滿百，常懷千歲憂」，看不清人生世事，悟不出人生之道。憂今天，憂明天，憂兒子，憂孫子……最後只有帶著憂愁過早地離開人世，留下兩個不和諧的憂愁的家。

一個是「兒孫自有兒孫福，莫與兒孫作遠憂」，該吃就吃，該玩就玩，該消費就消費，讓後輩自立自奮自強，獲得最實質的成長。為了自身的健康和家庭，過好高品質的晚年幸福生活，多關心一點自己，少懷一點「千歲憂」吧！

媳婦也是女兒

好女婿要勝於好兒子，好媳婦又何嘗不可成為好女兒呢？情感是講究互換的，真心是需要先付出才能收穫的。當我們以對待自己女兒一樣的心思去對待媳婦的時候，也自然會收穫一份愛的回饋。

自古有句俗語：「百年修得同船渡，千年修得同枕眠，萬年修得好公婆。」說明了好的婆媳關係來之不易。在現實生活中，老年人們抱怨最多的人，也大多是媳

媳婦也是女兒

婦。女兒、兒子，是自己的親生孩子，自然不必多說，女婿大多是聽從女兒的，也不需多費心，而唯獨媳婦卻是最難順從老人心意的。

可換個角度來說，媳婦又有什麼不好呢？很多老年人所列舉的原由都基本相似：懶惰、浪費、打扮太時髦、總是想著娘家人、對兒子約束……有句老話講得好：「清官難斷家務事」，凡是家庭之中產生的矛盾和問題，往往是沒有誰對誰錯之分的。也許是理解上的偏差，也許是認識觀念上的不同，總之，問題出現了就會說不清也道不明。但如果我們靜下心來，仔細想想看，媳婦的種種不是其實與一些固有的思維方式有著莫大的關係。

先入為主的思維方式。很多老年人認為，兒子長大後定然會「娶了老婆忘了媽」。這種先入為主的思維方式，首先就把媳婦放在了和自己對立的立場之上。日後的生活中，老人們自會將兒子和媳婦的一些行為和此想法聯繫在一起。

付出就想得到回報的思維方式。在對待媳婦的態度上，很多老年人的想法都是要「以心換心，以好換好」。於是，當自己良好的初衷受到年輕人的言語或行為抵觸時，難免會有不遂人願之感覺，進而漸漸對媳婦產生怨氣和怒氣。

顧慮重重，不善於表達自己的情感。在對待媳婦的態度上，老年人往往會有這樣的想法：「我這樣說，她會怎麼想？」、「我這樣做，她會怎麼說？」等，於是在左右矛盾的狀況下，老年人往往找不到表達自己情感的最佳方式。矛盾自然而然便產生。

人到老年，心胸開闊才能延年益壽，大度寬容才能永遠年輕，理解包容才能永遠幸福。對媳婦，不妨也以一個豁達樂觀的心態來對待。畢竟，媳婦進了家門，就是同一個家庭的人。對自己人還有什麼不能理解和諒解的呢！娶媳婦的人，是自己的兒子，能夠和他相伴終身並相互照顧愛護的人，也唯有媳婦。深愛著自己孩子的父母都明白這樣一個道理，愛媳婦，就是愛兒子。只要他們能相依相扶、恩愛到老，做老人的唯有知足。

當然，在現實生活中也不乏把婆媳關係處理得十分妥當的老年人。曾見過一對大家公認的開明公婆。這對老年人處理這個問題的祕訣就是——把媳婦當女兒來看待。比如說，每當他們出門去買東西時，就會想起女兒愛吃的烤雞腿，這時他們倆總不忘給女兒買上一個，而同時他們也會買上媳婦愛吃的棗糕。還有一次，媳婦下班回來心情非常差勁，對長輩態度冷淡。但這對公婆卻沒有生氣，或是對其置之不理、記恨在心等，而是想到了自己的女兒。自己的女兒也有不高興的時候，而自己又是怎麼做的呢？想到這，公公和婆婆心照不宣，像哄女兒一樣說道：「怎麼了？是誰惹到妳了，說出來，爸媽給妳出氣。」果然媳婦立刻多雲轉晴，說出了自己在公司受委屈。而聰明的公婆也就像教育女兒一樣，循循善誘，陪伴媳婦，傾聽她的心事，再為她提供解決的辦法。

平凡的生活小事，其中所蘊涵的道理卻不得不讓人心服口服。是啊，媳婦也是孩子，她也有自己的煩惱和壓力，也有自己的想法和感覺。作為長輩，既然能包容和接納自己的子女，那就同樣可以用同樣的心理去關愛媳婦、理解媳婦。人和人是可以心意相通的，如果雙方都站在一個更親密無間的角度，都以更誠摯更理性的態度去看問題，還有什麼關係會處理不好呢？

在對待家人方面，多付出一點並不意味著是吃虧，少收穫一點也並不意味著是損失。對待媳婦，不妨拿出家長風範，將其當作自己的孩子來看待，多付出一些，多給予一些。時間長了，即便是寒冰也終有融化的一天。

媳婦也是女兒。人，都是有感情的，相處的時間久了，相互之間的情感自然都會逐漸加深。當自己以對待女兒的心態去對待媳婦，對方自然也會用對待親人一般的熱情來回饋。愛，總要有一個人先付出，而先付出的人也必然最先收穫。

年輕人自有年輕人的想法和做法，必須尊重他們的選擇。老一輩人和當代的年輕人無論從生活習慣上還是價值觀上都是有區別的。作為一個順應時代潮流的開明長者，能接受的不妨就接受，不能接受的不妨就學會寬容。

對兒子好，就要先對媳婦好。媳婦和兒子是最為親密的兩個人，一損俱損，一榮俱榮。所有睿智的長者們都有一個共同的祕訣——想讓自己的兒子快樂，就要先讓媳婦感到快樂；想讓自己的兒子幸福，就先要讓媳婦感到幸福。

俗話說得好：「家和萬事興」，溫馨和睦的家庭氛圍，不僅會令全家人心情愉悅，更會給老年人帶來一個愜意的晚年。這是任何金銀財寶也不可比擬的一種財富、一種幸福。

「空巢」也可以生活得更美

兩隻成年鳥撫養一窩幼鳥，慢慢地，逐漸長大的幼鳥也長成了成鳥，並一個個遠走高飛，只留下兩隻垂垂老矣的成年鳥，守著原本的巢，這就是自然界的「空巢」期。如今的年輕人，大多如飛出巢穴的小鳥一般，忙碌於自己的工作和生活，於是，原來熱鬧的家庭開始變得冷冷清清，偌大的房子裡只剩年邁的父母獨自生活。

辛苦了一輩子的年長者們，面對著冷清的生活，難免會心生「空巢感」。獨自過生日、在餐桌的空位上準備一副無人使用的餐具、翻看過去的照片，以至於整日頹靡喪氣、感慨萬千……最終，思念、自怨自艾和無助等複雜的情感便促成了一種無法擺脫的孤獨感。

「空巢家庭」是指當老年人的子女因上學、結婚、工作等原因居住他處，家中只剩一對年長的父母或一位長者時的家庭。在這種家庭中，老年人極易出現各種心理問題。

到了老年，孤獨感都會產生，只是有輕有重，這是正常的現象。「世上無難事，只怕有心人」，要擺脫這種孤獨感，讓自己在生活中重新展露歡顏，其實也並非難以實現。

心理自救方法之一：認知療法。老年人首先須明白，子女「離巢」是家庭發展的必然趨勢。子女長大成人，從父母身邊離開，成家立業，養育後代，是子女成長並穩重的標誌。如果子女長大後，因在社會上缺乏謀生能力而不願離家，這才是家庭不幸的表現。所以，老年人應該為子女的離巢感到高興，並且祝福。

心理自救方法之二：行為療法。當自己感到孤獨時，可以訂定一個計劃，安排各種不同難度的人際交流任務。一開始，任務可以簡單一些，然後逐漸加強難度。在自己與各種人的交流過程中，讓自己學會尊重他人的特點與習慣，並努力與他人和睦相處。如果自命清高，遇到困難不肯求助於人，或者對他人的困難不屑一顧，長久下來必加劇自身的孤獨感。所以，一方面要善於幫助他人，從中贏得他人的尊重和真誠的友誼，另一方面，也要習慣求助於人，透過他人的幫助，使自己的心情變得開朗。

心理自救方法之三：婚姻療法。少年夫妻老來伴。子女離巢，老年夫婦應該及時將情感轉向老伴，以此去填補因子女離巢而留下來的空虛感。如果是喪偶的年長者，可以在適當的情況下考慮再婚，使自己的情感得到寄託，以此來擺脫孤獨。

心理自救方法之四：生活療法。擺脫孤獨的最佳方法是創造良好的生活品質。此處有兩種涵義。一，子女離巢並不等於斷絕彼此的關係。子女離家建立新的家庭生活後，老年人應保持與子女的聯繫，增強兩代人之間的相互理解，並在必要時給予適當的幫助。或者，雙方條件許可時，可規劃一段時間前往子女家居住，避免長期累積孤獨感。

此外，盡量擴大自己的興趣範圍，從書法、創作、繪畫、彈琴、種花、飼養寵物等活動中獲得樂趣。這些均有助於從孤獨裡解脫出來。即使從事這些活動時大多只有一個人，但是，一旦全身心地投入，孤獨感也就悄然消失了。

其實，孤獨只是人的一種感受，當思維集中在不現實的問題上，往往就會感到孤獨和無奈。比如，總認為身邊缺少歡樂，應該有子女陪伴等，就會產生強烈的孤獨感；但假如轉念一想，獨自居住在寬敞的房子，不怕風吹雨淋，有一個安身之地，並且家中的設備一應俱全，心中就會感到充實快樂。

老年人需要關愛

人生是個過程，這個過程就像一個圓圈，起點是幼童，終點是老年，接著一個生命又回到最初的時期。從幼時走向老年，再老年回到幼時，這是大自然不變的規律，生命都是這樣的過程。起初自己依靠父母撫養，最終自己也需要子女的噓寒問暖。

在老年的過程裡，根據年齡、身體以及壽命的規律，可分為三個階段。六十至七十歲可稱為初級長者；七十至八十歲可稱為中級長者；八十歲以上則可稱之為高級長者。《莊子》書中曾表示：「百歲日上壽，八十日中壽，六十日下壽；八十日耋，九十日耄，百歲日期頤。」而《論語》中，孔子以七十歲為界線，認為：「七十而從心所欲，不逾矩。」按現在的平均壽命增至七十多歲來說，八十歲以上應屬高齡長者。

當老年人需要的關心和幼兒相同時該如何應對？處在生命起點的幼兒，有父母悉心呵護，所謂「可憐天下父母心」，父母對子女無微不至，子女則享受父母的愛護；可老年人已失去了父母的呵護，唯一享有的是子女的關愛，而子女又往往粗心大意，總以為父母是自己一輩子的守護者，把父母當成始終會保持活力的人，很難提前設想當父母年老，需要的關心和過往幼時的自己相同。當父母老了，其心理思緒、精力氣血，都將漸入弱化狀態，行動需要攙扶。身為子女，對年邁的父母，更須加倍關懷，以對待幼童的心，去陪伴年邁的父母，才是孝道。

根據老年的過程，子女可以掌握老的規律與實際情況，有輕重緩急。一般初級長者，離開社會不久，體力也尚未衰退，子女可不必太過擔心，只須時常回家陪伴，幫父母處理衣食住行上的雜事，讓父母心情寬慰，有餘力去改善生活，促進健

老年人需要關愛

康。當父母成了中級長者，子女需要比往日付出更多的關懷，對長者的身體保健、飲食起居等予以幫助；如果是單身的長者，應對其身心健康展開密切的觀察。如果無法時刻陪伴在父母身邊，可以請求信任的親朋好友代為看望或是聘請居家照顧服務員，雙方保持聯絡。有一句俗語：「人生七十古來稀」，雖然生活條件完善了，但七十多歲畢竟是平均壽命。老年人的起居與身心保健上，仍然不可忽視。當父母到了八十歲，便屬高齡長者了。人到了一定年齡，再好的身體也無法避免老化，歲月不饒人，這是不可抗拒的生命規律。家裡有八十歲高齡長者，作為子女應細心關照。孔子曾說：「父母之年不可不知也，一則以喜，一則以懼。」其中的喜，是指家裡有長壽長者，其中的懼，是長者走向生命的終點。不在父母身邊的子女，除了為父母聘請居家照顧服務員，也務必要盡量與父母團聚。人皆上有老下有小，妥善照顧，是親情也是責任！

生命就是有始有終的規律。老年人須珍重身體、頤養天年，子女須孝敬長輩、關愛周到；社會更須全面預備，面對逐漸攀升的老年人口，做出相對應的措施，保障每一位老年人應有的基本生活條件。

對「啃老」說不

孝敬長輩，照顧父母，是自古以來的傳統美德。對於子女來說，孝是本分和義務，更是責任。然而，在當今卻有不少已經成年的子女，不僅做不到這一點，反而成年後依舊仰仗父母。這種人被稱為「啃老」族，為多數老年人帶來了苦惱。

說到「啃老」，有兩對老年人的境遇，令人感慨不已。一位年近古稀的老人，三年前從開發商那裡得到了拆遷房屋的補償金一百九十萬元。於是和妻子決議花一百萬元左右買一套鄉下的老房子，留下十萬元備用金，剩餘的錢再分給了四個兒女。有一年二月，妻子患病，住院期間花費了十五萬左右。他向四名子女提出各拿出兩萬五千元貼補，之後再還給他們。然而當話出口，卻沒有人回答。其中一位媳婦甚至說：「我們知道爸媽有錢，你們是在考驗我們。」這真是令人無奈。另一位老年人，今年七十歲，是一名退休職員，收入尚且可以，但每年父母的存款卻都所剩無幾。原因是三個已分別成家的子女，幾乎頓頓飯菜都依靠家裡解決，還時常要求父母提供金援，兩名正處於就學階段的孫子女們，其接送任務也落到父母身上。明明已經進入退休年齡的父母，卻仍然從早到晚忙得不可開交，精疲力盡，根本沒有自己的時間。

這兩對老人的情況，絕對不只是個別現象。據匯豐集團的調查顯示，臺灣有百分之五十三的父母仍提供成年子女經濟支持，比全球的平均數百分之五十還要來得更高。那要如何看待和解決這種「啃老」現象？我認為，面對「啃老」，老年人要勇於說「不」。

子女長大成人後，本應獨立生活，並承擔撫養父母的責任。但卻有部分年輕人缺乏這種意識，認為父母給予幫助是天經地義。而身為父母，雖也有心甘情願，但大多感到力不從心，卻難於啟齒。俗話說「可憐天下父母心」。父母關愛子女乃人之常情，但務必量力而行，不可勉為其難。長輩對子女的家事不要過問太多，對子女的工作和事業，要給予正向的鼓勵；對依賴性過強的兒女，要堅決說「不」。這於老人和子女，甚至對於社會都有利。

如今時代變了，父母對待子女的觀念也要有所改變。在西方，子女滿十八歲之後，就要獨立生活，自力更生，即便富裕的家庭也如此。美國億萬富翁洛克菲勒家族的子女都做過擦皮鞋、送牛奶之類的工作；第四十任美國總統雷根，其兒子在自己任職美國總統期間失業，也如社會大眾一般在街上排隊領救濟金；世界首富比爾蓋茲決定在百年之後，把大部分財產都捐給社會，給予子女的只有少數，並稱此舉是為了督促子女成為獨立的人。東方的文化傳統雖然與西方不同，但西方國家重視培養年輕人生存能力的做法，值得借鑒。

有些父母，對子女嬌生慣養，有求必應，百依百順。寧可自己節衣縮食，也不對孩子進行艱苦樸素的教育。學校教育也存在著重智育、輕德育，重分數、輕技能的傾向，忽視了對學生進行溫良恭儉讓等一些良好的傳統美德教育。試想，在這種環境中成長的孩子，怎麼會有自立自強的意識？他們一旦離開學校、家庭，必然很難融入社會。現代社會，宣傳輿論的影響力越來越大，學校、家庭、社會應開始重視對年輕人進行人生觀、價值觀等教育，讓年輕人明白，個人財產必須用自己去換，財富要靠自己去創造的意識。

老年人不要迷失了自己

老年人在退休以後，都願意在子女們的照料下，過一個屬自己的幸福晚年。但因種種原因，很多老年人的晚年生活過得不盡人意。部分含飴弄孫的老年人，得為了子孫們繼續「奉獻」，沒有屬於自己的時間。而部分因子女出國或居住其他城市的老年人，不但得不到晚年含飴弄孫的快樂，還要承擔大量的孤獨。

有一位長者，退休後，就與丈夫一起到女兒家當起了「專職主婦」，負責管理子孫們的一切起居。外孫女出生後，女兒上班，又擔當起照顧外孫女的責任。這位長者還有一位九十歲高齡的母親住在鄉下，為了盡做女兒的孝心和義務，這位長者每個月還要回去看望母親。現在的生活，除了接送外孫女，準備一家人每日的吃喝，還要回鄉下看望母親，幾乎沒有屬於自己的時間。

這樣「兩頭養」的情況在現在的老年人中並不是少數。但與「老人養老」相比，更普遍的是「老養小」。據瞭解，退休者一般都有第三代，只要身體尚可，照顧第三代就成了自身的義務，而子女們也可免去聘請保母的麻煩，節省開銷又放心。如若子女的經濟收入偏高，那還沒有什麼大問題，但如若子女的經濟收入偏低，老年人還得繼續為子女們操心，為了減輕子女們的負擔，子孫們的許多費用就變成需要由自己承擔。

有一位王先生已經舉辦完了兩名子女的婚事，本以為可以享清福了，沒想到小兒子卻因為無房結不了婚。才剛舉辦完兩名子女的婚事，家中早已無積蓄。為了給小兒子買房，已經六十多歲的王先生只得在夜市擺攤，只為增加收入，為小兒子準備買房的錢。「本以為孩子大了，做父母的可以鬆口氣了，可孩子是父母一輩子的心事，孩子有事，做父母的哪能在一旁看著呢？」王先生也很無奈。

為社會、為家庭奉獻了大半輩子，退休後卻還要繼續承受維持家庭生計的負擔，這對許多老年人來說是一種無法言說的痛。「總不能看著孩子有難卻不管吧」成了許多老年人的無奈。於是，這些本應該接受子女「報恩」的老人，卻還在「撫養」著已成家立業的子女們，最終迷失了自己。

第六章　老有所醫：做自己最好的保健醫生

要想長壽，不要悲傷

一輛小轎車在公墓前停下，一位身體衰弱的老婦人手捧一束鮮花走下車來。守墓人禮貌地迎上去問候：「夫人，您好！」老婦人面無表情地問：「請問，每天都有人為一個叫做喬治的已故人士獻花嗎？」守墓人恭敬地回答：「有的，那是一個花店的傭人，他說是一位名叫安娜的夫人預訂的。」

「不錯，我就是安娜。」老婦人滿意地點了點頭。守墓人得知此事，不解地問：「您為什麼要這樣做呢？」老婦人感慨地搖了搖頭，說道：「因為喬治是我唯一的兒子，我痛苦萬分。而且醫生說，我已經病入膏肓，只能活一兩個月。因此，我特來向兒子告別。」建老婦人的神色哀傷，守墓人若有所思，過了一會兒才繼續說道：「夫人，您錯了。您將鮮花送給死者，但他並不知道，只是增加了您的憂傷。如果您將鮮花送給孤兒院的孩子們，他們該有多高興啊！」聽了守墓人的話以後，老婦人並沒有回答，只是默默地放下花束，然後離開。此後，守墓人再也沒有看見有人為喬治遞送鮮花。

三個月後，老婦人又一次來到公墓。守墓人見到她，十分驚訝：「夫人，您好！想不到您的氣色這麼好，比上次健康多了。」老婦人聽聞，露出微笑。「是嗎？」老婦人看向守墓人：「我是特地來感謝你的。」得知老婦人要感謝自己，守墓人大吃一驚，連忙揮手道：「感謝我？您真會開玩笑。」然而老婦人卻從容地點了點頭，繼續說道：「我按您的話，每天把鮮花送到孤兒院，孩子們高興極了，每個人都來和我親吻、擁抱，並要我講故事給他們聽。我和孩子們相處得很好，彼此都感到愉快。幾個月以來，我不但沒死，反而奇蹟般地活著，而且活得很健康。連醫生見了我都大吃一驚，說我創造了醫學上的奇蹟呢！」守墓人聽罷，才終於恍然大悟，頻頻點頭道：「啊，我懂了。憂傷是長壽的大敵，愉快才是健康的妙方！」

情緒是會互相「感染」的。與憂傷為伍，會愁上加愁，愁腸百結；和愉快結緣，會感到滿園春色、陽光燦爛。多愁善感的林黛玉終日愁眉苦臉，當花落了，她也要去「安葬」，並且一邊做詩一邊落淚。結果一天到晚愁眉不展，藥物不離身，年紀輕輕便與世長辭。世上百歲老人的長壽祕密何在？醫學家們認為，除了先進的醫療保健、強烈的環保意識，良好的營養食品之外，關鍵的因素是熱愛生活，心情開朗，富有幽默感。「心態好」才是長壽的重中之重。病入膏肓的老婦人為什麼能戰勝死亡，重獲新生？正是因為她遠離了憂傷，與快樂擁抱，所以才讓她的生命創造了奇蹟！

隨和的性格使人不容易衰老

人要善於隨和。即便是原則問題，也要平等地和別人交換意見，不鬧脾氣，不存成見，切莫居高臨下，一味採取壓制的態度。

真理只有在平心靜氣中去探索，想靠任何外在條件去壓制他人，那是水準低下的表現，除了難以達到目的，還損及自身形象，更不利健康。

懂得隨和，必定是高瞻遠矚、寬宏大度、豁達瀟灑的人。眼光短小、胸懷狹窄的人，做不到這點，「難得糊塗」就藏在其中的細節。

要隨和，就得克服「以我為中心」的思想。如果見識主張和能力比別人強，人際關係好，別人就會尊重你。如果不具備這些條件，又要「以我為中心」，既不能滿足欲望，更有可能毀掉自己。想要別人尊重你，關鍵是自己要尊重別人，斤斤計較自己的名譽、地位，什麼都要比別人的好，情緒容易煩躁，對身體必定傷害較大。糟蹋了自己，當然容易衰老。有些人不一定有本事，但是仰仗有權或有錢的條件，總要人家跟著自己的指揮做事，否則就脾氣就容易暴怒，這樣的情緒不僅使自己不舒服，對別人來說也是一種情緒上的負擔，這種人就無法實現長壽。

童心常在養天年

一些童心未泯的老年人常被稱為「老小孩」、「老頑童」。他們不僅精神愉快，生活充滿樂趣，而且身體非常健康。老年人的童心，實際上是一種精神上返老還童的心理，它能使老年人忘卻煩惱和憂愁。在英國，曾經有一些研究人員對未老先衰者作過一個心理調查，以找到他們衰老的原因。調查結果表明，大約百分之七十六的早衰者，在生理衰老之前都先出現了心理上的衰老，比如沉重的暮氣感和悲哀的垂老感等。由此，這些研究人員得出結論說：「要想年輕，就要保持一顆年輕的心。」換句話說，就是「人有童心，一世年輕」。

那麼，什麼樣的心態才是擁有一顆童心呢？先來看兩個故事。

第一個故事，以前有一戶人家，旁邊搬來一個鄰居，而那個鄰居搬來的第二天晚上，家中突然停電了。正當她找出蠟燭，準備將蠟燭點燃時，門鈴響了。她開門發現是鄰居家的小男孩，於是就問有什麼事。

小男孩說：「阿姨，妳的家裡有蠟燭嗎？」

女鄰居心想，才搬來第二天，就有人就跟我借蠟燭，以後還不定有多少麻煩。於是便說：「阿姨剛剛搬過來，忘了帶蠟燭了。」

這時，那個男孩子卻突然從背後抽出兩根蠟燭，臉上帶著得意和開心的神情說：「我就知道妳沒帶，這個給妳！」

看著小男孩遞過來的蠟燭，女鄰居羞愧地低下了頭，沉默著接過了蠟燭。

從這個故事我們可以看出，女鄰居已經失去了寶貴的童心，剩下的只是世俗的猜忌和敵意，相比之下，男孩子的童心是多麼美好！他只是一心想著幫助他的鄰居，因此會很開心。

第二個故事，有一位老闆開了一間模型店。某一天，有個孩子來到他的店裡挑中了一個最精美也最昂貴的飛機模型，然後拿出幾塊他收藏已久、非常精美的石頭遞給老闆，作為交換。當他正要走出店門時，老闆叫住他說道：「用不了這麼多，孩子，只一顆就夠了！」老闆把其餘的石頭都還給了孩子，並且微笑著目送孩子離開。

很多人聽聞這個事件後，都認為那個老闆太愚蠢了。但是，這些人卻不知道，老闆和這個孩子都找到了世界上最美好的一樣東西，這就是那顆寶貴的「童心」。孩子用童心獲得了飛機模型；老闆用童心獲得了好心情。雖損失錢財，卻證明了自己仍保有一顆可貴的童心，並以這樣可愛的童心保護了一個孩子的尊嚴，這是再多的錢財也無法換來的收穫。

大家都知道，身體的健康成長需要充足的營養，如蛋白質、脂肪、糖、維生素和水份等。事實上，心理學家指出，心理營養對於身體健康也非常重要，如果一個人嚴重缺乏童心，他的衰老速度就會加快。美國肯塔基大學的營養學教授大衛．斯諾登，透過十五年對衰老和阿茲海默症的研究，得出了這樣的結論：「現在孩子壓力太大，這是不好的。因為，一個人在青少年時期的快樂，會影響到他的將來。一個人在年輕時期如果能保持一種積極心態，將來生病的次數便比普通成年人來得更少，甚至能幫助延年益壽。」這充分說明了一個人保持童心的重要性。

其實，不僅年輕人需要有童心，老年人也要保持一顆童心。那麼，老年人怎樣塑造自己的童心呢？可以從多看童話故事開始。一個簡單的童話故事往往富含哲理，因此，老年人經常閱讀童話故事，不僅能捕捉到自己童年的生活樂趣，還能培養幽默感，充實生活。

追憶童心。老年人不妨經常追憶些童年時代的樂事，比如捉迷藏、放風箏或者外出遊玩等，讓童心再度萌發。多存童樂。人到老年，往往會產生失落感、自卑感、孤獨感，這些消極情緒對身體極為有害。無論遇到什麼挫折，老年人都要儘量想得開，並保持樂觀的情緒，以延緩老化進程。

多交童友。老年人多喜歡和小孩一起嬉戲玩耍，並從孩子的言談舉止中重溫童年時光，使心靈上感到極大的慰藉，這樣既能消除老年人的心理壓抑，又能驅散老年人的煩惱，減少孤獨和寂寞感。

保持童心的好處數不勝數，如果一個人保持一顆童心，他就能對人保持一種善意，與人坦誠交往，這也會使自己心情寧靜、平和；如果一個人保持一顆童心，他就樂於接受新事物、新觀念，由此產生精神上的愉悅感，對人的身心健康大有裨益；如果一個人保持童心，他就能站在更高的位置上感悟人生，心情會更輕鬆，才能真正享受到生活的樂趣。

飯養人，歌養心

「飯養人，歌養心」是所有人耳熟能詳的一句諺語，它的意思是說，糧食能夠提供保持生存的基本條件，而唱歌則能修養心靈。大家都知道，經常唱歌的人能夠得到情緒的陶冶。實際上，唱歌的好處數不勝數。其中，最大的好處就在於它非常有利於人體健康。

在中醫學中，經常會說道這樣一句話：「脾之志憂，中氣鬱結，長歌以洩鬱。」意思是說，人的脾臟害怕憂思，一旦把氣鬱悶在脾臟裡，就應該用唱歌的方法來加以宣洩。從這裡可以看出，經常唱歌可以幫助人們宣洩身體中的鬱悶之氣，從而達到莊子在〈刻意篇〉中所說的：「吹呴呼吸，吐故納新」的目的，進而有益於身體健康。

為什麼唱歌能夠有如此的功效呢？經過長時間的研究，一些醫學專家指出，唱歌和氣功中「吐音法」的原理是一樣的，即都需要端正姿勢，高度集中精神，採用腹式呼吸，屏除雜念等。既然唱歌如同在練氣功，它能夠宣洩鬱悶之氣就理所當然了。

近來，醫學專家還發現，唱歌還能起到體內按摩的作用。這是什麼意思呢？醫學專家指出，唱歌能舒開人體的橫膈膜，讓新鮮空氣在體內加速循環，從而達到按摩的效果，這自然是其他運動無法取代的。

另外，唱歌還能擴大肺活量，增加肺泡的通氣量，從而提高呼吸功能。據科學家統計，一般成年人的肺活量是三千五百毫升左右，而歌唱家的肺活量則常在四千毫升左右。肺活量大了，呼吸的功能自然就提高了。因而，唱歌是一種提高呼吸功能的好辦法。由於這個原因，一些患有呼吸系統疾病的病人才被醫生建議經常練聲。現代醫學還在臨床上讓病人唱歌來治療咽喉炎、氣道阻塞、氣管炎、哮喘病等，常收到藥物達不到的效果。

正如上文所說，唱歌不僅有益於身體健康，而且還有利於陶冶情操，能夠起到滋養心靈的作用。正如唐朝歐陽詢撰寫的《藝文類聚．謳謠》：「人心憂矣，我歌且謠。」除此之外，《百子全書》也說：「鬱謠而行歌，所以瀉憂也。」這些文字都充分說明了唱歌能夠養心。可以說，唱歌是一種良好的心理療法。

那唱歌為何具有滋養心靈的作用呢？原來，唱歌的時候，人會變得緊張。但當唱完一首歌後，唱歌的人會隨即放鬆下來。這可以刺激因壓力而變得混亂的自律神經，從而達到舒解身心的效果。不僅如此，唱歌還能夠釋放有助靜心的荷爾蒙，由此可以達到抗衰老、維護皮膚彈性、防止皮膚老化以及改善更年期的療效。

既然唱歌具有這麼多的好處，那就讓我們與喜歡唱歌的歌友們一起唱出快樂和友誼，唱出健康長壽！讓我們把歌唱當成生活中最愉快最舒心的事情，因為只有「歌聲是我們幸福快樂的源泉，歌聲是我們健康長壽的法寶。」

要保健，心態平衡是關鍵

「要保健，心態平衡是關鍵」，這句話是從大家熟悉的健康諺語「千保健，萬保健，心態平衡是關鍵」中萃取出來的。一個人只要擁有一個樂觀、平衡的心態，就能夠常保健康。對於這一點，相信每個人都是贊同的。

那麼，什麼樣的心態才是平衡的呢？心理學家告訴我們，看一個人的心態是否平衡，關鍵是看這個人是否有樂觀的性格。具有樂觀性格的人，更容易保持平衡的心態，更容易擁抱健康。

在美國明尼蘇達州的梅奧診所醫學中心，醫學專家們曾經對八百多人進行了三十年的跟蹤研究，結果發現性格樂觀的被研究者的生存率遠遠高於原來的預期值。與此相反，性格悲觀者的實際壽命則大大小於預期壽命，提前死亡的可能性高達百分之十九。

無獨有偶，美國肯塔基大學神經學教授大衛．斯諾登對聖母修女學院的六百七十八位修女進行的跟蹤研究，其結果也證明了性格樂觀有助於身體健康的觀點。這項研究開始於一九八六年，一直進行了十五年。研究結果表明，年輕時樂觀積極的修女，年老時極低機率會患上阿茲海默症。相反地，容易焦慮、經常動怒的修女，到了老年後則更容易罹患中風和心臟病。

由此可見，性格積極樂觀的人，其心態也是比較平衡的，其身體狀況也是較好的。其實，那種悲觀的性格也是可以改變的。正如美國賓夕法尼亞大學心理學系的馬丁．塞利格曼教授所說：「悲觀情緒早期就能加以確認，也可以改變，所以情緒容易悲觀的人可以參加簡短的訓練計劃，改變他們對不幸事件的思慮，從而降低罹患疾病乃至死亡的風險。」

有著樂觀積極的性格，往往是獲得健康長壽的不二法門。例如，著名的百歲老人陳鑫，他一生性格隨和，平靜從容，寬厚善良，遇事不急，生活很有規律。

那麼，怎樣才能保持一種平衡的心態呢？心理學家為我們指出了如下的一些辦法：

一，不對自己過分苛求。為了避免挫折感，應當把目標定在自己能力的所及之內。

二，不對別人期望過高。每個人都有自己的長處和短處，不能強求別人符合自己的要求。

三，疏導自己的憤怒情緒。發怒時盡量把怒火發洩於其他方面，如打球和唱歌之上，以消火洩憤。

四，能伸能屈。在不影響的前提下，無需過分計較小處，以減少自己的煩惱。

五，向別人傾訴煩惱。把抑鬱埋於心底，只會令自己鬱鬱寡歡。如果把內心的煩惱告訴知己好友，心情會頓感舒暢。

六，助人為樂。幫助別人可以使自己忘卻煩惱，更可以獲得珍貴的友誼。

七，集中精力處理近事。這樣可以減輕精神負擔，以免弄得心力交瘁。

八，不要處處與人賽爭。以和為貴，不四面樹敵，以免經常處於緊張狀態。

樂觀是一種積極向上的性格和心境。它可以激發人的活力和潛力，解決矛盾，逾越困難；而悲觀則是一種消極頹廢的性格和心境，它使人悲傷、煩惱、痛苦，在困難面前一籌莫展，影響身心健康。但願世上每個嚮往健康的人，都能夠擁有一個積極樂觀的心態。

養心重於養身

「採菊東籬下，悠然見南山」，這是東晉陶淵明的內心寫照。人到老年，若能時時刻刻保持一份無牽無掛淡然平和的心態，對天地萬物都抱以欣賞的情懷，不但有益於健康養生，亦可真正體會到晚年的美好與歡快。

在東方的傳統養生法中，精神糧食遠遠重於物質營養，情緒鍛鍊大大優於身體鍛鍊，心態平衡亦大於生理平衡。所以，自古就有養生名言：「養身必先養心」，且深入人心。

只有當我們的「心」養好了，身體才會隨之平安、長壽。我們也只有將靜心、平心、清心等當作一種人生美德去對待時，才能真正做到養心、修性，從而達到養生的目的。

那麼，究竟何為養心之道呢？養心之道的關鍵即為養性，孫思邈認為：「性既自善，內外百病悉皆不生，禍亂災害亦無由作。」何為性？「於名於利，若存若亡，於非名非利，亦若存若亡」。按照現代的觀點通俗說來，便可歸結為三點：培養自己高尚的道德品質；跳出以自我為中心的人生觀；淡泊對名利的追逐。

心性修煉既成，便需要一個條件來達到維持良好心性的狀態，這個條件便是心境。如若說良好的心性猶如一顆靈丹，那心境便是煉製並承載這顆藥丸的煉丹爐。老年人若是沒有一個好的心境，那心性的修煉便只能是霧裡看花、水中望月了。

那麼，究竟如何才能為自己營造一個良好的心境呢？我們不妨來看看下面這些方法。

一，多微笑。微笑是舒展心情的一種極好方法，常常保持微笑的表情，不但能使人忘卻憂愁、擺脫煩惱，亦能使人心情好轉、振奮精神。不單如此，當我們逐年累月養成微笑的好習慣，我們就會感覺內心充滿了喜悅，充滿了自信。

二，常想像美好的景象。美好的自然景象能令人身心愉悅，煩惱自然一掃而光。當我們無法親身體驗到這種美妙的感覺時，不妨採取空間想像法，讓我們的心靈飛越時空，與大自然心神交融。古有高僧雲：「靜神養氣。」當我們將心神置身於美好的景象之時，身心入定，煩悶之氣等生活中不快的情緒都會隨之消失。

三，多聽健康音樂。一首健康的樂曲能調節人的情緒，陶冶人的情操，培養人的意志。當我們心情不佳、情緒低沉時，選擇適當的音樂欣賞，不但能使不良情緒得到抑制，更能使我們的精神為之振奮，心境大為好轉。

眾所周知，無論是養性，或是鍛煉心境的最終目的都是為了平心靜氣，使我們的身體機能在暮年之時仍能達到最佳，達到百病難侵、身心愉悅的效果。除了上述借助外界因素輔助之外，以下的養心三要訣，亦是自內而外，由心而發，更有助於我們養心養神。

莫要惦記生病。疾病似乎與人心意相通，如若我們將它遺忘，它也極少來打攪我們的身體，而當我們無端擔心害怕它時，它卻偏偏會找上門來。老年人若想驅逐疾病，便要讓自己的心中牢記健康二字，相信自己的身體，相信自己擁有一顆抵抗疾病的心。

莫要惦記衰老。生理年齡雖無法改變，但心理年輕卻是可以由自己做主的。當我們相信自己的心理年齡只有二十歲時，心態便會年輕許多，心情愉悅了，生理方面的調節也會順暢許多，自然也就達到了延緩衰老的作用。

莫要惦記煩惱之事。煩惱由心而生，雜亂煩躁的情緒則會打擾我們修養身心。當我們遇見煩心之事時，將它牢記心中，是絲毫沒有益處的，如若將它拋之心外，坦然尋找解決問題的方式，反倒有助於我們修煉心神。

身體健康也怕過分關注

如果沒有一個健康的身體，即使擁有財富和時間，哪裡都無法抵達；即便膝下有孝順的兒孫圍繞，也無福享受兒孫滿堂的天倫之樂。因此，對於老年人來說，健康就是最寶貴的財富。

但凡事過猶不及，現實生活中，有些老年人對疾病非常敏感，出門擔心風太

身體健康也怕過分關注

大，厚重的大衣一件又一件地往身上穿戴；上樓梯時又怕跌倒，一定要有人攙扶；或者有些許頭疼發燒就吃下許多藥，平日購入大量保健食品，每日吃下的藥丸數不勝數。這類老年人甚至連兒孫的請帖都不願接，生怕入口任何會刺激到身體的東西，進而產生影響。

其實，老年人關注自己的身體本也無可厚非，但這種過度敏感的情緒卻大可不必。細菌雖然會侵蝕人的身體，如若人體沒有細菌卻也是無法維持健康的。更值得注意的是，如果過分注重身體健康，乃至杯弓蛇影，不僅不能起到防範疾病的作用，反而會因為胡思亂想，造成精神壓力過大，最後難免得不償失。

有一位長者，因為罹患急性肺炎住院治療了一段時間。然而，他在出院之後，總感覺肺部有一種隱隱作痛的感。於是他開始懷疑自己患上了不治之症。儘管伴侶和子女告訴他罹患的只是普通的肺部炎症，經過一段時間的靜養和調理，很快就會痊癒。可是，他總懷疑家人有什麼祕密在隱瞞著他。因此，他變得憂心忡忡，寢食不安。子女們工作忙，不再像他住院那陣時常探望。為此，他也抱怨子女們。漸漸地，長者的精神變得愈加萎靡不振，經常一個人待在屋子裡，自怨自艾。

有一天，在伴侶的再三催促下，他才下樓活動。在樓下，他遇到了一位許久不見的朋友。那位朋友因為罹患椎間盤突出症，行走異常困難，然而他仍堅持在樓下活動身體。當那位朋友見他走過來時，竟滿面笑容地跟自己打招呼：「看你灰頭土臉的模樣，像遇到了什麼大事。」

聽了自己的猜疑，那位朋友詫異地說：「你怎麼能這樣想呢？退一步說，假如你真是患了絕症，整日這麼憂心忡忡的，病會好嗎？你為何不像我一樣，自尋一點樂趣呢？你看我，這腿都快走不動了，但我還是喜歡到外面活動，呼吸一下新鮮空氣。我那兩個兒子，也是一年到頭難得回家兩趟。只要他們在外面過得好，我們就少一些心事，我們應當快樂才是。」

朋友的話語深深打動了長者，於是長者便不再胡亂猜疑和抱怨，而是經常到樓下散步，到公園裡去學習打太極拳，或者跟一些老朋友們對弈一番。很快，他就消除了那些消極而恐懼的念頭，肺部的不適感也慢慢消失了。

人們精神和心理上的恐懼，比肉體疾病對健康的損害更大。在臨床實驗中發現，一些情緒憂慮的病人，在動手術之後，他們的傷口要比樂觀者癒合慢很多，而且併發症更多。

因此，老年人要想健康長壽，必須要從各種精神「囹圄」中跳出來。快樂在於自己！廣闊的世界，漫長的人生，未必都充滿稱心如意的事情，然而，活得快樂是每一個人的權利，而快樂才是更高層次的人性昇華，一個希望自己內心世界豐富，安靜、恬淡並保持良好生活習慣的人，是富有的。

善待人生，使自己每一天的生活多點愉快，少些煩惱，生活在自我的適應中，快快樂樂地完成自己追逐的目標。雖是平凡無奇的生活，但只要親身經歷，仍然能從中領悟到無數的道理，體驗是非常重要的，百聞百見，不如一次體驗。

擁有健康才是自己最大的財富，身體健康是每一個人的願望，古人云：「靜以修身、勤以養德。」年齡不是問題，更重要的是一種活動，一種氣質，一種心境，一種精神狀態。

欲望越小，人生就越幸福。從年輕時經歷了很多，能吃別人不能吃的苦，能受別人不能受的罪，能做別人不能做的事。在精神上、心理上、身體上都做好了準備，所以，每一位老年朋友都應該珍重今天的幸福生活，永遠充滿愛意，不愧對生命！

善良是心理養生的高級營養素

在歷史的長河中，有關養生的論述可謂是眾說紛紜。但如果仔細觀察，大家就可以發現，在這些論說之中，都在強調這樣的一點，那就是「養生先養德」。這是一句熟悉的諺語，其意思主要就在說明要想保養身體，首先需要重視道德修養。這樣的養生之道被古代許多思想家和養生家看作是「養生之根」。

可以在許多著名的養生著作看到「養生先養德」的論述。比如，孔子提出「德潤身」、「大德必得其壽」、「仁者壽」以及「修以道，修道以仁」的觀點；老子主張「少私念，去貪心」，認為「禍莫大於不知足，咎莫大於欲得」；唐代孫思邈被尊稱為「一代藥王」，他在《千金要方》中寫道：「性既自善，內外百病悉不自生，禍亂災害亦無由作，此養性之在經也。」、「德行不克，縱服玉液金丹未能延年。」這兩句話的意思是說，能保持心性善良的人，就不容易生病，也不容易受到天災人禍的侵害，善良是心理養生的營養素。

所以，道德修養才是養生的根本。而德行不好的人，即便服用金丹玉液也無法延長壽命。心存善良，就會以他人之樂為樂，樂於扶貧幫困，心中就常有欣慰之感；心存善良，就會與人為善，樂於友好相處，心中就常有愉悅之感；心存善良，就會光明磊落，樂於對人敞開心扉，心中就常有輕鬆之感。總之，心存善良的人，會始終保持泰然自若的心理狀態，這種心理狀態能把血液的流量和神經細胞的興奮度調至最佳狀態，從而提高了機體的抗病能力。所以，善良是心理養生不可缺少的高級營養素。

人在人際交流中，受委屈、被誤解的事總是不可避免地發生。面對這些，最明智的選擇是學會寬容。寬容是一種良好的心理品質，它不僅包含著理解和原諒，更顯示著氣度和胸襟、堅強和力量。一個不會寬容，只知苛求別人的人，其心理往往處於緊張狀態，從而導致神經興奮、血管收縮、血壓升高，使心理、生理進入惡性循環。學會寬容就會嚴於律己，寬以待人，這就等於給自己的心理安上了調節閥。

寬容是心理養生的調節閥，淡泊是心理養生的免疫劑。淡泊，即恬淡寡欲，不追求名利。清末張之洞的養生名聯說：「無求便是安心法」；著名作家冰心也認為「人到無求品自高」。這說明，淡泊是一種崇高的境界和心態，是對人生追求在深層次上的定位。有了淡泊的心態，就不會在世俗中隨波逐流，追逐名利；就不會對身外之物得而大喜，失而大悲；就不會對世事他人牢騷滿腹，攀比嫉妒。淡泊的心態使人始終處於平和的狀態，保持一顆平常心，一切有損身心健康的因素，都將被擊退。

在巴西，有一位著名的心理醫學家名叫丁斯。他經過十年的研究發現，屢犯貪污受賄罪的人，常容易罹患癌症、腦出血、心臟病、神經過敏、失眠等病症。在這個研究中，他總共調查了五百八十三名被指控犯有各種貪污受賄以及以權謀私罪的貪官和同樣人數清官的健康狀況。在前一組中，共有百分之六十的人生病或死亡，而後一組病、死者僅占百分之十六。

為什麼說「養生先養德，德不修則壽損」?這是因為一個人若不重視自己的德行修養，他的腦袋裡就會為追逐名利的貪欲所桎梏，以至於整天胡思亂想，寢食不安。在這種情況下，即使每天都吃山珍海味、靈丹妙藥，也無法延年益壽。現代醫學研究表明，經常做壞事的人，其身心常處於受譴責的心驚膽戰狀態。在這種強烈的刺激之下，身體是不可能強壯的。缺乏道德修養，唯利是圖的人，既要暗算別人，又要提防別人的報復，終日處於憤怒和沮喪的情緒之中，身體各系統功能失調，免疫力下降，因此極易得病。與之相反，心地善良的人，精神樂觀，思想愉快，良好的心理和精神又能促進身體分泌有益的激素、酶類和乙醯膽鹼等，從而增強身體的免疫功能，最終實現健康與長壽。

看來，為了健康長壽，養生先養德是最佳也是最根本的方法。

人體自有大藥在

初聽這句諺語，大家或許會覺得很奇怪：怎麼說人體內有大藥呢？其實，這句話是說人體內有自我防病抗病的能力，並不是人體內有什麼藥材。這樣一說就能明白，所謂的人體自我防病抗病能力，實際上指的就是人類在長期的進化過程中形成的身體免疫力。人體正是由於有了這些免疫力，才能抵抗住各種細菌病毒的入侵，才能避免疾病的騷擾。

可是，具有如此巨大威力的免疫力是從哪裡產生的呢？原來，在一個健康的人體之中都有一個完善的免疫系統。免疫系統是人體最重要的生理系統之一，與消化系統、呼吸系統等相輔相成，共同組成人體的運作。其中，免疫系統是由各種免疫功能的細胞組成的，這些細胞對人體健康的作用非常大。在這些作用中，最突出的就是它們能識別、破壞甚至消滅侵入人體的細菌和病毒，進而達到預防疾病發生的效果。它們可以將體內的有害物質轉變為無害物質，避免對人體組織器官的傷害。除了這些一般的功能外，近來醫學專家還發現，免疫細胞還能發現和清除體內發生癌變的細胞，起到防止癌症發生的作用。

可以想見，具有如此巨大作用的人體免疫系統如果因為各種原因受到了損害，或者免疫系統的功能被削弱了，人就會如同城堡失去了護衛的將士一樣，很快就會被細菌病毒侵害，嚴重的還會危及生命。

實際上，從更加廣泛的意義上來說，人體的免疫力不僅來源於免疫系統，還來源於人體自行產生的一些抗病物質，比如「轉移因子」和「干擾素」等。另外，人的腦部還可釋放出一種嗎啡物質，這種物質能夠起到鎮靜止痛的效果。而大腦釋放的一種名為「賽羅托寧」的自然化合物，則可以起到催眠的作用，有利於保護心臟。

如此看來，「人體自有大藥在」這句諺語還確實有一定的科學道理。那麼明白了這個道理之後，應該怎樣來自我保健呢？其實，「人體自有大藥在」已經講出了一種保健的原則，那就是人的健康長壽主要不是靠外因，不是靠藥品，而主要是靠內因，靠增強自身免疫系統的功能。希臘的醫學之父希波克拉底有一個關於疾病的「轉變期」和「自癒」的概念，疾病有一個自然過程，而身體則有自我痊癒的傾向。因此，當處於亞健康或身患疾病時，不可自行服藥，千萬不要輕視自我康復的機制。

那麼，要怎樣才能增強免疫系統的功能呢？下面幾個方法是保健專家經常推薦的，老年人不妨一試：

一，是要保持精神愉快健康，因為精神因素與人體免疫功能的潛力密切相關；

二，是養成良好的生活習慣；

三，是要堅持適當的體育鍛煉，以增強自身對疾病的的抵抗力，達到延緩衰老、健康長壽的目的。

千萬別把運動當成了生活

退休後，許多人都會每天拿出相當大的一部分時間用來進行各種體育鍛鍊。隨時都可以看到在路邊散步的人們，也可以在社區的體育活動場地看到運動的人們，好像運動已經成了所有退休者生活的全部。

生命在於運動，但也要有限度的掌握。生命好比燃燒著的蠟燭，燃燒得愈旺，熄滅得愈早。因此，別把運動當成了生活，千萬不要把時間都花在運動上。

自古的養生經驗中，講求動態養生和靜態養生這兩種運動方法。動態養生包括跑步、散步、打球、游泳等；靜態養生包括靜坐、睡眠、閉目養神等。

其實，在自然界中有一個奇怪的現象，那就是越是長時間處於安靜狀態的動物，它的壽命就越長。龜、蛇壽命要遠遠超過老虎、豹的壽命。這就透露著動態養生和靜態養生一定要合理安排，不可走極端路線。

部分人以為拚命運動後身體自然會好，其實不然，運動過度的人壽命並不會延長。女性的壽命長於男性的壽命，除了生理特點之外，也在於女性生活的節奏慢，包括呼吸慢，心跳慢，吃飯慢，動作慢。她們運動少，吃得少，所謂少吃少動，沒事就休息，一句話，活得很舒服，身體自然也就健康。

而男性則相反，喜歡快節奏的生活，包括呼吸快，心跳快，吃飯快，動作快，好喝酒，常打牌。他們好運動，睡得少，所謂多吃多動，精力倒是好，但不一定能長壽；部分男性也能長壽，但活得相對疲累。

所以相對而言，靜養比動養更能長壽，但動養精力好。只靜不動是錯誤的，只運動不知道好好休息就更不對。正確的養生方法應該是動靜相兼，剛柔相濟，亦動亦靜，缺一不可。

當人在運動時，注意運動過度的七大身體信號，預防身體過度疲勞。

一，胸部大汗，汗為心之液，運動過度，前胸大汗，如伴有心慌、呼吸短促，那就有可能是運動過度、心臟受到影響的信號，應立即停止劇烈運動。

二，頭暈心慌，眼前發黑，是心、腦供血不良的訊號，應立即停止運動，坐下休息，降低頭部位置，以保證腦部供血。

三，噁心嘔吐，是運動過度的先兆，應停止運動。

四，腰痠頻尿，尤其是夜間頻尿，是腎虛的表現，應減少運動量。

五，有氣無力，可能為肝臟受損，患有肝病的人應減少運動量。

六，換氣不順、大口喘氣等皆是肺受損的訊號。

七，四肢無力，是脾臟受損的訊號，因為脾主四肢肌肉。

適度的運動最好是在三十分鐘到四十分鐘，假如運動時間在三十分鐘內，體內的廢棄物質清除率不高。時間大於一個半小時，特別超過兩小時後，體內的廢棄物質反而會增多，而在三十分鐘到六十分鐘內，體內的廢棄物質清除率最高。根據生物學原理和特性，年齡加上心跳等於效率。比如，六十歲的人運動到心跳一百一十次加起來是一百七。

衡量一個人是否身心健康的標準，要看是否精神飽滿、動作靈活，已經退休多年的周小姐至今動作依然輕盈、身心健康，除了擁有良好的心態之外，習慣踢毽子的運動帶給她健康與歡樂，也將其好處傳給身邊的親人和朋友。

現在參加體育鍛鍊的人愈來愈多，但往往運動方式單一。部分人健身方式單一、不科學等皆是運動效果不佳的重要原因之一。現在的人們多以公園、公路、街道作為主要健身場所，儘管多數人每週鍛鍊多次，半數以上的人每次鍛煉時間超過一小時，但運動方式較為單一，多選擇長走、跑步或健身操。

人體各器官的老化是一個不完全同步的漸進過程。單一運動方式難以達到全面促進健康的功效。人們普遍採用長走、跑步等運動方式，對於平衡能力、上肢力量和柔韌性的增強並不明顯。不同運動項目對健康的功效不同，最好採取複合式健身。

長跑等有氧運動對心血管和呼吸系統的益處最為顯著，而心腦血管、呼吸系統、消化系統三類疾病正是六十到六十九歲人士住院的主要原因。

肌肉質量和數量的減少以及最大收縮速度的降低，造成支撐能力、平衡能力和穩定性下降，使得有些人看上去彎腰駝背、老態龍鍾，因此適當的力量練習也十分重要，但應遵循少量多次、持之以恆的原則量力而行。日常行走坐立間，可以有意識地進行手臂對抗練習，或利用床背、椅背進行練習。

老年人因退休後生活角色的變化，往往自動選擇一種「懶惰」的生活方式，活動量大幅減少，關節也逐漸僵硬，肌腱韌帶失去彈性，動作協調和穩定性明顯降低，容易跌倒摔傷。而適度的柔軟性練習可促進血液循環，鬆弛肌肉神經，有利於關節運動幅度和軟組織彈性的恢復和提升，使肢體屈伸轉動靈活自如。

如果能將有氧運動、力量練習、柔軟體操等健身方式與日常生活、休閒娛樂相結合，並保持一種積極的人生態度，效果會更好。

最容易被忽視的「病由心生」

李先生剛步入六十歲，原本在一家公司當主管，從二十多歲開始工作至六十歲退休，他都非常勤勞，號稱「工作狂」，從來不休假，也沒有任何嗜好及興趣，每日早出晚歸。李先生有兩個孩子，也都各自成家立業，另組小家庭。他退休後，感到精神異常空虛，不知如何打發時間，因他性格內向，不善於和他人交往，所以生活非常孤獨，只有與伴侶相依為命。李先生在退休後常感到空虛、憂鬱，且茶飯不思，晚上睡眠不足等。人日漸消瘦，身體的毛病也是接連不斷，成了醫院的常客。

一個人退休以後若不正視退休造成的困擾，不僅會患上心理疾病，還可能由此患上多種生理疾病。人體中最有助於健康的力量就是良好的情緒。醫學臨床研究表明，良好的情緒是維持人的生理機能正常的前提。對於「病從心生」的情況，往往最容易被人們所忽視。這裡所說的「心」，主要是指心理和情緒。當然，人的心理狀態如何，情緒好壞，與生活的社會環境和經歷的具體遭遇有著密不可分的關係，似乎單憑主觀力量難於駕馭。但是，人的主觀能動作用實際上具有極大的潛力，是不可低估的。如果透過努力，使心理經常保持良好的狀態，許多疾病是可以避免，許多不幸也可以防止或延緩的。

據醫學專家調查，人們在經歷了人生不幸的劇變之後，有百分之八十的人在兩年內生病。著名的醫學科學家兼心理學家霍姆斯和萊赫，曾對五千人進行了調查，凡在生活中發生劇變的人在那段時間裡，各種疾病都有所增加。

老年人在退休之後，一般只關注生理健康，而對心理健康並不在意。退休前後生活的急劇變化，使百分之八十五的退休者或多或少存在著不同程度的心理問題，百分之二十七的人有明顯的焦慮、憂鬱等心理障礙，百分之零點三四的人有一定的精神分裂症狀，百分之零點十五的人患有阿茲海默症。心理問題現已成為嚴重影響退休人群健康和生活品質的主要因素之一。情緒波動確實會造成很多意外，在日常生活中，可以看到許多這方面的例子。許多人因心理不平衡而猝死，心肌梗塞、腦溢血、癌症等，又或者罹患神經系統等相關疾病。

心理問題對退休者的健康危害主要表現在七個方面：一，生活在都市里的人們由於長期缺乏與人溝通，易產生孤獨、自尊感不強和老而無用的感覺；二，有些人將利益看得太重，影響了身體健康及家庭和睦；三，至醫院就診的病患中，有百分之三十至四十的常見病，其發生發展與人的心理行為因素有關；四，罹患心血管病、腦血管病和惡性腫瘤的人，其致病的因素心理問題占主因並已超過生理原因；五，心理疾病會誘發或加重常見的高血壓、糖尿病、胃腸功能紊亂、阿茲海默症等眾多的老年疾病；六，消極情緒是破壞身體免疫系統的元兇，是導致身心疾病的誘因；七，心理狀態不正常的人會產生緊張焦慮情緒，頻頻給腦垂體帶來不安的刺激，致使它發生各種偏激過敏的信號，擾亂內分泌的良好均衡狀態，易導致各種疾病的發生。

「病從心生」的問題在科學相當發達的今天，仍然屢屢發生，卻並未引起更多重視和防範。因此老年人在退休以後，應該調整心態，充實生活，加強學習，關心自己，寬慰自己，保持心理平衡。退休讓人清閒下來，老年人可以利用時間學習一些新的東西，或者做一些事情，既可消除孤獨感，又有成就感。老年人要加強人際交往，不要禁錮自己，不要干涉子女的生活習慣，大事清楚，小事糊塗，使家庭人際協調、和睦相處。這些都能幫助老年人擁有良好的情緒。

其實本無病，一疑百病生

有一位年輕的公司主管，他擁有一份不錯的事業和一個溫馨的家庭。人生的未來道路上，每個人都認為是一條充滿陽光的大道。然而他的情緒卻非常消沉，這位主管總認為自己身體的某個部位生病了，甚至早早就為自己選購了一塊墓地，並替自身的葬禮做好了準備。然而實際上，他只是偶爾感到呼吸有些急促，或者心跳有些快。醫生勸他在家休息一段時間，暫時放下手中繁重的工作。

這位主管在家裡休息了一段時間，但由於對自己健康狀況的擔憂，心裡卻沒有一刻安寧。醫生只好建議這位主管去海邊度假。但美麗的沙灘、涼爽的海風並沒有為他帶來好心情，相反地，這位主管甚至感覺死亡很快就要降臨了。

最後，他的妻子只好陪他到一所有名的醫院進行全面的檢查。一位醫生瞭解了他的情況以後告訴他，他的病症是由於吸進了過多的氧氣引起的。醫生告訴這位主管，假如他持續感到呼吸困難、心跳加快時，就向一個紙袋呼氣，或暫且屏住呼吸。聽到自己的不適有了結果，他感覺輕鬆了好多，離開醫院時，醫生送給他一個紙袋，並告訴他遵醫囑行事就可以了。

此後，每當這位主管的病症發生時，他就停止呼吸一會兒。幾個月後，他的症狀完全消失，並且生活得輕鬆快樂。

其實，有些人根本就沒有什麼病，只是一些身體正常的應激反應，卻把自己搞得如臨大敵。退休後，許多老年人由於突然獲得了大量的空閒時間，再加上思想上特別重視個人健康問題，因此在老年人的頭腦中，每天都在思考著「我的身體哪個地方會出問題。」其實許多人感到身體不適，大多癥結都在自己的心理上。

其實本無病，一疑百病生

以前總有人會說「有病亂投醫」，此話反映了許多患病的人急於恢復健康的強烈願望，但是現在卻可以在醫院看到許多「無病亂投醫」的人，本來身體很健康，可是總以為自己的某些部位出了問題，想請醫生給找出問題，卻難倒了醫生們。

其實，對於任何事情，自己每天都在頭腦中形成一種強烈的意識，那都會給自己的生活帶來許多障礙。愈重視健康的人，往往愈不健康，因為他們不敢輕易地接受任何挑戰，每一個健康長壽的人並不會時刻想著自己的健康問題。

人生在世，到處都有牽掛羈絆。年輕的時候，要盡供養父母的辛勞；成年以後，又增加了養育子女的責任。此外，還有食衣住行的花費、公事私事的牽掛，在這些紛紜的事務中，要想超脫於塵世之外，隱身於清閒之中，進行養生保健，是不切合實際的。「縱使得仙，終當有死」，人不能脫離人生的束縛。因此，沒必要為保養身體而鑽研這門學問。

關於養生的方法，應從日常實用者入手，勤學常練，講求節制。例如，在日常生活中，應注意愛惜和保養精神，調理與養護氣息，起居應有規律，飲食不能過當，穿衣冷暖適當。

把病痛當作生命的禮物

有一位老太太要坐飛機出國，但起飛前的天氣情況不太好，被迫停飛。當時，隨同的子女們都感到非常失望和沮喪。可是，那位老太太卻說：「我們今天得到了一份小禮物，那就是我們需要待在這裡幾小時。」然後她又對子女們說：「其實，世上的艱難困苦也會像今天這種情況一樣不可預知，但如果我們視其為上天恩賜給我們的禮物，那麼我們的生活便會減少許多的悲傷，平添許多的快樂！」

當我們的身體出現病痛的時候，我們不妨把病痛當作生命的禮物，這樣會讓我們更加珍視生命的存在。心理學研究表明，疾病對人的心理影響是十分明顯的，甚至遠遠超過了生理影響。如患明顯的心血管系統和神經系統疾病的人，其記憶力明顯低於正常人；罹患高血壓、冠心病的人還容易變得焦慮、急躁、惱怒。一些長期被疾病折磨的老年人，心情也容易變得惡劣、沮喪、抑鬱、消沉，對治療失去信心，甚至整日沉默寡言、心情沉重，不願與任何人接觸；部分人士「自暴自棄」，不與醫護人員合作，不遵醫囑服藥；部分病人因久病臥床，生活不能自理，靠他人照料伺候，時間一久，覺得自己成為家人或親友的累贅或負擔，思想焦慮、內疚、痛苦，甚至產生「自殺」的念頭。

老年病患的上述心理狀態，不僅對治病無益，恰恰相反，還會加重病情的發展，使病體更難早日康復。因此及時排除病人的消極心理情緒，對配合醫生積極進行治療是至關重要的。俗話說得好：「人吃五穀，哪能無病。」一個人隨著年齡的增長，機體逐漸老化，易生各種疾病，本是意料之中的事，符合事物發展規律，大可不必驚慌失措。每個退休者對身體生病應有充分的思想準備，有思想準備與無思想準備，甚至疑慮重重，其治病效果是大不一樣的。

有了疾病，就須配合醫護人員積極治療，要及時排除各種影響治病的消極心理情緒。隨著現代醫學科學技術的發展，絕大多數疾病都是能夠得到治療或使病情減輕的，即使是癌症，只要及早治療，也能得到有效的控制甚至根除。每個人應該對治療疾病這件事抱持信心，不急躁，不消沉，不畏懼。要始終保持鎮定、冷靜、沉著、樂觀、開朗的心情，與病魔做頑強的抗爭。

在安靜、沒有精神負擔和體力負荷的條件下，學會放鬆自己的精神，降低緊張、焦慮意識，能增強人們應對困境的信心。心理學的研究與臨床的大量觀察證明，心理因素既可以誘發與加劇疼痛，也可以延緩與抑制疼痛。因此利用心理方法控制疼痛是當今控制疼痛的四人方法之一（其他三種方法分別為外科手術、藥物鎮痛和生理學方法）。心理鎮痛方法之所以有效，是由於疼痛的本質是由一些「引發疼痛物質」引起的心理和生理現象。

心理調節好，疾病康復早。一些老年人患病後，由於心情不好，肝火太旺，所以變得容易暴怒，常常為一些芝麻小事大動肝火，俗稱「無名火」。猜疑的心理使得他們不相信醫生和親人，也不相信自己的病情，因此內心總是處於一種不安的狀態。病人到醫院進行診治時，就應該對治療醫院和醫生有一個基本的信任，展開治療就一定要堅持下去，不可反反覆覆，反而延誤治療的黃金時期。所以在內心深處，除了要相信自己，更要相信醫生。在雙方建立信任的情況下，及時配合治療，必定會起到最好的效果。在一些病人的思想中，常常希望服藥後「立竿見影」，術後「手到病除」。但是願望歸願望，事情卻沒有那麼簡單，對於任何病症，都不可能是速戰速決的。病人如果因此產生了急躁心理，失去了治療信心，會使病情更為惡化。因此，病人面對自己的病情，要有打大仗、打惡仗、打長仗的思想準備，內心不急不躁，一切按治療的既定方針進行。

病人與周圍人的關係是否和睦，對於病情能不能好轉十分重要。如果能和各方友好相處，減輕內心的壓力，心情愉快，專心與疾病鬥爭。為穩固各方面的關係，病人首先一定要學會心理換位，凡事多從對方的角度考慮問題，把親人往好的方面想。理解家人照顧自己的艱辛與巨大的壓力，體諒他們的不容易。其次要善於控制自己的情緒，不要「倚病賣病」，無所顧忌地隨意發洩，只在乎自己的情緒，忘了別人內心的痛苦。在情緒即將爆發時，要及時進行自我提醒「不可動怒」、「保持冷靜」。不讓自己對人隨意暴怒，並不意味著不讓自己的不良情緒得以宣洩，而是說一定要有個合理的宣泄方式，而不能只拿自己的親人當攻擊的目標。最後要注意多與他人交流，並在力所能及的範圍內，多對他人盡一點自己的關心與照顧之意。關係溫和了，自己的情緒也就不容易傾向負面了。

當人的生命受到威脅時，焦慮本是一種很好的警告訊號，使人對面臨的威脅及時警覺並作出相應的反應。然而長期的、嚴重的焦慮，會引起人的內分泌功能失調，進而破壞其自然防禦系統，當然就會影響身體的健康。所以，對於老年患者來說，最好的狀態莫過於把病痛當作生命的禮物，讓生活少一些悲傷，多一些快樂，病痛便不會讓人覺得那麼沮喪和可怕。

第七章　老有所居：健康源於個人的生活方式

品味晚年的純真世界

你是否會真誠地對自己說：「我期待老年！」簡潔的話語裡盡是憧憬與夢想，執著與守候。在多數人眼裡，宛如一泓秋水的晚年，無色無味，無漣無漪，但細細品味，則見微瀾萬象，成嶺成峰。

不妨嘗試改變角度用心靈去品味，也許會發現晚年是一個雲消霧散、風平浪靜的純真世界。如果朋友還健在，那是很幸福的事，可以去公園找他們散步，彼此喝茶閒聊等。老年是一個全新的的港灣。老年人可以依照自己的喜好穿上附有品味的衣服，或是配戴耀眼的裝飾品，盡可能地為自己裝扮些許的花樣。晚年還是一棵洋溢著和諧的哲理之樹，它能總結那易聚易散的匆匆足跡，剝開歲月埋下的層層老繭，在過去、現在與未來的交匯中，為自己開墾一塊純淨的思想沃土。

晚年是一個經驗豐富、得失俱存的豐收季節。因為人到了晚年，才能客觀辯證地看待有所為與有所不為，以沉穩代替衝動，以堅強代替熱情，以冷靜評價是非，以商量傳遞見解，以理性化解矛盾，極力發揮由經驗和人生閱歷沉澱而來的智慧優勢。

晚年，抖落了童年那依稀斑駁的懵懂，甩開年輕時那已隱約減弱的豪氣，擠出中年那記憶猶新的成熟，細加品味便會發現，晚年的日子竟只剩下那份純真。

所以，已經步入老年的自己，我們都可以做出一種評價：「在我純真的老年裡，我仍然是一道極美的風景，我仍然是一座寶庫，蘊藏著人生的各種資源，挖掘不盡。」

重新設計自己的生活

人從社會職場退休後，要學會以變應變。在應變中重新找回自己的位置，扮演好自己的角色，充實自己的生活。面對新的生活，消極應付是不對的，以不變應萬變也是不可取的。每個退休人士應當為自己設計一個新的生活日程表。

人從社會職場退休後，如何才能遠離空虛，使自己的生活日日充實。這是一個既現實且又重要的話題，不少老年人大概都有過這樣的困惑：「飯夠吃，覺夠睡，但除了吃飯、睡覺以外，其他的時光該怎樣打發呢？」工作的慣性依然存在，躺著難受，坐著心煩，自己還能做些什麼呢？特別是那些心裡不願服老的長者，一切生理機能都正常，體力也相差無幾，退休之後更是容易感到坐立不安、無所事事。也有一些本來就在遺憾中退休的人，因為某件事心願未了，常常被往事折磨，心裡怎麼樣也快樂不起來。

所有這些，都應當算作正常，因為人生本來就是這樣。但這正常之中也有不正常，因為人生並不應該只是這樣。人生的大境界應當是做好自己該做的事，老年人生活的大原則應當是健康快樂。從繁忙的工作轉入退休生活，卻有一個如何適應的問題。適者生存，不適者淘汰，生物界尚且如此，何況有情有義的人呢！不適應就會感到空虛，好像懸在半空中一樣，沒有著落，有時心裡還會生出幾分淒涼；適應了，就會感到充實，像步入了金秋的原野，隨處都可以採摘，品嘗那生活中的累累累果實。

經驗告訴人們，當一個人進入晚年後，隨著年齡及境遇的變化，在心理狀態、思維方法和生活方式等方面，也務必隨之做一些調整。要以變應變，在應變中重新找好自己的位置，扮演好自己的角色。才能適應新的生活，獲得新的快樂，使自己再次變得充實起來。在這方面，消極應付萬萬不可，以不變應萬變也是不可取的。

老年人應當這樣去想，能夠使人充實的絕不是權力，比權力更珍貴的是人格，只要自己的人格之樹保持常青，自己就擁有了值得一生驕傲的聖物。能夠使人充實的也絕不是金錢，比金錢更重要的是健康，只要體魄是強健的，就擁有了能夠贏得更多快樂的基石。使人充實的更不是物質上的那些獎勵品，比這些更有價值的是人們對自己的口碑，只要在認識自己的人的心中，其形象是美麗的，就擁有了可為後人仰慕的資本。

能夠使人充實的東西還有很多，比如伴侶的體貼，子女的孝敬，親情的呵護，朋友的幫助，社會的關愛等等。所有這些，老年人都應當想到，想到了，自己就會覺得心裡踏實許多，儘管如今的位置和角色與從前不同了，但眼前依然是一片美景。

思想理順了，一切也就好辦了。接下來，老年人可以這樣去做：

一，重新設計自己的生活。過去忙於工作，很少有時間能盡情地去享受生活。現在不同了，生活的大門隨時都敞開著，完全可以自由進出。如果喜歡綠色，你可以到草原觀光；如果喜歡交友，你可以放心地去「約會」；如果喜歡打牌，你可以愉快地去安排；如果喜愛孫子孫女，你可以扮成一個頑童，與他們一起玩耍、做遊戲。每位老年人應當有一個新的生活日程表。日程表要如何安排，從自己「想要做什麼」的立場出發，既不過忙，也不過閒，一切有利於健康快樂。

二，合理安排自己的工作。老年人多有一技之長，如果身體和其他條件允許，能把自己的一技之長發揮出來，既有利於社會，也有利於健康。專業為社會福利，不妨思考一下社會福利以及老年化問題，思考過後所得出的結論，既能充實自己，也會對其他老年人產生莫大的好處；專業為自然環境，不妨多關注一點地球環保的議題；專業為政治黨派，不妨多關心一些社會議題和民間工作。人離開社會職場，其實只是角色的轉換，並非要與工作絕緣，能夠老有所為，那更是值得稱讚的。

三，用心培養自己的愛好。有愛好，便要長期堅持下去，並努力使之錦上添花。無愛好者，最好能根據自己的特點，用心培養某種愛好。很多老年人是在退休之後才開始學繪畫、練書法的，且頗有成效。書畫之中有精氣，它能使你凝神靜氣，也能讓你開心不已。要相信，愛好不僅能夠增加樂趣，而且能夠提升人的生命價值。

許多幸福老人的經驗告訴我們，面對晚年生活，要大度一些、要大氣一些。大度就是要萬事想得開，大氣就是做人要放得開。只要能多一點大度與大氣，生活就必定會更為充實。

進入德國老年人的健康生活

德國是人口老齡化程度較高的國家。近半個世紀以來，德國的家庭結構發生了很大變化，許多家庭為老年人獨居，百分之十五的老年人過著單身生活，依靠家庭贍養和護理的可能性越來越少。但在德國有句俗話：「最富足的人是退休的老人們。」因為完善的國家養老保險制度，向老人們提供了足夠的退休金，使他們在經濟上幾乎沒有什麼後顧之憂。退休以後，老人們依靠退休前的財富積累和保險機構發放的退休養老金，就可以過著無憂無慮的養老生活。

「生命在於運動」這句話淋漓盡致地體現在德國意志上。即使是那些滿頭白髮的老人，也從來沒有忘記過運動。無論是在空氣清新的早晨，或是陽光明媚的週末，都可以看到一些「全副武裝」的老年運動愛好者，他們戴著運動手錶慢跑，或是戴著護具騎腳踏車，每個人都在操作著自己喜愛的運動，沒有任何一絲怠慢。。

進入「專業護理安養中心」是德國老年人們最普通的一種養老方式。德國擁有數量很多的養老院，無論是在硬體設施上，還是人員管理上都堪稱世界一流。但近年來，在德國悄然興起了一種名為「老年之家」的互助養老方式。部分老年人因害怕孤獨，也不願前往老年安養機構，於是便自發性發起小型組織。在「老年之家」中，成員們共同承擔家務，互相關心和幫助，就像一個大家庭。「老年之家」的成員們不但可以發展共同的愛好，還可以結伴出遊，或者一起參加各種社區活動以及社會公益活動，這些老年人們不但重新找回了家的溫馨，又結交了知心好友，增加了老年生活的樂趣。截至目前為止，德國已經有兩百多個類似的「老年之家」，愈來愈多的老年人們選擇共同居住。社會學家認為，老年人結伴而住，既能保證經濟上的穩定，又能滿足老年人們的精神需求，此自發性組織活動已被社會各界認同和大力提倡。

關於「老年之家」的其中一位成員，名叫安妮塔。她十分喜歡公寓裡的陽臺，因為在這裡可以欣賞城市風景。安妮塔和另外四位老人居住在一起，居住地是在德國德勒斯登市的一所「老年之家」公寓裡。五位住戶之中，年齡最小的人已五十七歲。這五位厭倦了老年安養機構裡單調的生活，於是選擇了這種「結伴而居」的新穎方式。五人之間互向照顧，已經居住一年多了。三年前，安妮塔的丈夫驟逝後，她不想繼續生活在原本的家裡。於是安妮塔和新伴侶一起前往公寓參觀，並在參觀之後決定搬遷至此。兩人很快便與這裡的居民成為朋友。「我們彼此互補，互相關心。」五位年長者每個禮拜至少會有一次在公共區域聚會、用餐，但大多時間還是分開生活。五人也經常組織集體活動，到附近的城市旅遊，或是相約到電影院消費，當一整天結束之後，還有一個屬於自己的家可以好好休息，「老年之家」公寓確保了每位老年人都有屬於自己的安靜空間。

「活到老，學到老。」隨著網路科技的技術迅速發展，德國老年人也開始熟悉網路的世界。他們從網站上獲取各式各樣的訊息，並嘗試接觸各種適合空閒時間遊玩的小遊戲，其感興趣的程度並不亞於年輕人。據德國比勒費爾德大學完成的一份研究報告稱，老年人正在「快速占領」網路世界。截至目前為止，德國約有三分之一的五十歲以上的德國人，十分熱衷於上網。許多熟悉網路的老年人體會到，儘管自己從某種意義上來說已脫離了社會，但廣大無邊的網路使他們仍感到自己是社會的一員，這自然對老年人的健康也起到了積極作用。

在歐洲，個人的自我意識十分強烈，並倡導年輕人自主獨立。一般來講，子女到了十八歲，作為成人的他們就有獨立的可能了；而身為父母也不應該再過多干涉子女的發展，子女也沒有贍養父母的義務。在這種文化背景下，德國人不存在「孝道」這個觀念，以至於許多老年人在孤獨中度過晚年。大部分老年人和子女分開居住，缺乏家庭的關愛和照料，偶爾在假日才能享受到天倫之樂。這樣的家庭悲劇是高度發達的經濟，和完善的福利制度所導致的一種產物。老年人所需要的關愛和重視是不能單靠社會福利所代替的。

美國老年人帶著「房子」走遍全國

有一次去美國探望親戚，剛下飛機後便坐上前來接送的汽車。沒多久，我就在高速公路上看到了新奇的一幕：兩輛汽車各拉著一棟漂亮的小房子在公路上奔跑。當我目不轉睛地盯著那兩輛汽車時，前方的司機說：「那是房車。美國很多老年人退休後都喜歡買一輛或者租一輛房車，帶著伴侶甚至全家人走遍全國各地，車上配備齊全，所有生活條件都可以在車上實現。」

在美國的那些日子裡，這種「奇觀」可謂層出不窮。據說，這種房車是得益於一百多年前，由羅姆人發明的。房車的種類很多，一般分為一體式旅居房車、越野帳篷房車、車頂帳篷房車和拖掛式旅居房車，還有一種就是上述說的，外觀就像一棟小房子，這樣的房車被稱為「移動房屋」。在停車場，經駕駛允許，我進入房車參觀，車內有臥室、餐廳、淋浴間，另外也設有空調、沙發床、冰箱、餐桌、爐臺、微波爐等各種家居用品，基本上可謂一應俱全。一輛大房車可住六個人，小房車可住兩個人。難怪美國的部分老年人形容房車是「安裝在車輪上的家」和「在馬路上奔跑的房子」。

據相關資料介紹，美國近五年銷售全新房車多達一百四十多萬輛，現在已有七百萬戶以上的家庭擁有房車。在美國使用房車的人，有很大一部分是退休者，因為他們有一定的積蓄，並且擁有充足的時間，一輩子為工作忙碌，退休後便渴望透過旅遊來徹底放鬆。甚至有部分退休者寧願住著破舊的房子，將所有資金投注到房車上。

在美國東部的尼加拉大瀑布旅遊時，我遇到了一位名叫湯姆斯的退休者，他正開著房車帶著伴侶和孫子女到此地旅遊。湯姆斯駕駛的是一輛越野帳篷房車，到了營地以後，房車可以像帳篷一樣敞開，而帳篷裡有廚房、淋浴間等。湯姆斯表示自己一退休就買了這輛房車，至今已開了四年，美國的土地基本上都走過了。有了這輛房車，想去哪裡就去哪裡，累了就停下來休息，不必提著行李到處找旅館，在吃飯、住宿上既方便又節省。

美國老年人對房車旅遊的喜愛究竟到了什麼程度？一位朋友講述了自己鄰居的一個真實例子。這對夫婦沒有子女，七年前退休後就將房子售出，用銷售房子的錢買了一輛可容納兩人的車頂帳篷房車，從此以車為家，開到哪裡玩到哪裡，玩到哪裡吃住就在哪裡。這位鄰居說：「我的房子是可以行動的，東南西北任我住，這種生活真自由。我和伴侶的身體愈來愈好，應該歸功於駕車旅遊這種娛樂消遣，它使我煩惱全無，又讓我呼吸到最新鮮的空氣。」

新加坡老年人的「樂齡公寓」

新加坡的老年人大都住在「樂齡公寓」裡安度晚年，所謂「樂齡公寓」，是新加坡政府專門為妥善照顧獨居的老人而推出的一種安養晚年的方案。

這種公寓的內部設施與普通住宅有很大不同。考慮到老年人的特點，樓梯和走廊兩側添加了扶手；在所有改變方向和高矮的地方用顯眼的色彩提示；開關、門鈴和門窗把手等設施的位置都適當降低；廁所緊靠臥室，並設長照燈；煤氣等各種開關上的字體設計非常顯眼，警報系統的音量也比正常音量提高許多；洗手臺和爐臺的下方都使用內凹設計，以便老年人在身感疲乏時可以立刻坐下休息。同時公寓內也考量到乘坐輪椅的老年人，把公寓的入口處、樓梯、房門等都設計得較為寬敞。公寓的窗戶比一般的房屋來得更寬更長，唯有窗戶的高度調低，使乘坐輪椅的老年人方便開窗，可以輕鬆看見外頭的動靜，不會有「與世隔絕」的感覺等等。這些高度人性化、處處體現著為老年人著想的特殊設計，無不令人感動。

雖然新加坡是一個經濟高度發達的國家，福利優渥。但一個國家有許多政策皆為老年人的生活設想，這不只是作為一個富裕國家才能做到。隨著各國人民生活條件的改善，許多國家也漸漸進入了人口老齡化社會。老年人的生活條件愈來愈受到各國政府的重視，但大多數國家近年來發展快速的房地產事業、服裝事業、流行產品事業等等，考慮較多的似乎是年輕族群的需求。雖吸收各種新鮮知識來研發、改造產品，卻極少數是對於老年人生活提出改善的建議或產品，專門建造一棟特殊大樓提供老年人居住的房地產更是少之又少。當然有人會提出質疑，老年人不是可以住進安養機構或是養護中心嗎？話雖然沒錯，但如若能自理生活，又有哪位老人願意離開熟悉的家，將晚年安置在陌生的環境呢？如果，各國的房地產開發商也願意和新加坡一樣，處處為老年族群著想，開發並且提供老年人安享晚年的老年駐所，並設計於老年人來說有益無害的公共設施，那麼隨著社會的進步，相信社會上對於老年人的觀念也能不斷更新，不久的將來就會有愈來愈多的老年人過上舒心的晚年生活。

生活有節起居有常

生活要有規律，才有利於健康長壽。「飲食有節，起居有常」是古代流傳的養生經驗。起居，主要是指作息，以及日常生活中的各個方面；常，是指有一定的規律。起居有常就是要求人們建立一套合理、規律的日常生活作息制度，這是強身健體、延年益壽的重要途徑。這句諺語看來簡單，卻有著充分的科學依據。

身體的任何一種生命活動都具有規律性，這是經過現代生命科學和醫學的證實。在所有的規律中，部分明顯，部分不明顯。如女性的經期，其規律性就很明顯。而一位長者的血壓在白天時處於偏高狀態，晚上血壓卻呈現降低；人的體溫在早晨時偏低、傍晚時就偏高等，這些規律如果不透過測量，便難以發現，屬於不明顯的部分。

生理學研究發現，人的大腦有動力定位機能，如同一個鬧鐘，如每天到了一定的時間就會有睡意，睡覺後又能在大概的時間內甦醒；每天到了一定的時間，就會產生飢餓感等等。這些規律就是人們常說的「生理時鐘」。研究證明人的情緒、體力、智商也都有一定的時間規律。每個週期又分為旺盛和衰退兩個階段。比如人的體溫總是在凌晨四到六點時最低，下午兩點到六點時最高等等。

如果生活作息沒有規律，會導致人體的生理時鐘紊亂，也就是人體的生命活動紊亂，各器官的功能失調，其結果是影響身體健康。自古以來提倡生活有節，起居有常。《黃帝內經》中談到：「上古之人，其知道者……食飲有節，起居有常，不妄作勞，故能形與神俱，而盡終其天年，度百歲乃去。」、「起居無節，故半百而衰也。」

如果能按照規律來安排學習、工作和生活，不僅有利於提高工作效率，更有利於健康長壽。規律的生活，可以在中樞神經系統中形成一種良性的刺激，形成條件反射，使組織器官的生理活動能不知疲倦地長時間地運行下去。從古今中外的長壽經驗中，人都包含「起居有常」這一基本原則。而那些廢寢忘食、興致一來便通宵達旦，生活作息毫無規律的人，健康必然受到損害。

日光不照臨，醫生便上門

陽光、空氣、水和運動，一向被視為人類生存的四大源泉。有人說：「曬二十分鐘太陽，相當於吃一個雞蛋。」這是從陽光對人體的保健作用上所述說的。太陽中的紫外線照到皮膚，皮膚就能產生許多維生素D。維生素D是人體生長不可缺少的東西，有了它，人的骨骼才能長得又快又壯。如果不經常曬太陽，身體裡的維生素D不夠用了，骨骼就不能正常生長，甚至變形。部分人的骨骼較為不完善或者凹凸不平，其原因有一部份便出自於未能得到適當且充實的陽光照射。

老年人在冬季骨折的發生率比其他季節要高出許多。這主要是由於人體內維生素

D的濃度在冬季特別低，從而影響鈣磷的正常吸收和骨化作用，使骨骼一個單位容積內骨組織總量減少，一遇上輕微的外力，就可能導致骨折。追究其原因，就是人們在冬天裡曬太陽的時間少，皮膚得不到陽光。其實，每天在陽光下活動十五分鐘，就可以滿足人體對維生素D的需求。

太陽光中的紫外線還能增加身體的免疫力，因為紫外線能夠提高機體內免疫細胞吞噬微生物的功能；能刺激血液中的凝集素，使凝集素的效價增高，提高血液的殺菌能力。需要注意的是，有些人習慣待在屋子裡，隔著窗戶曬太陽。其實這樣做在某些方面是沒有效果的。玻璃雖然可以讓光線透進來，但是由於紫外線的穿透能力較弱，絕大部分都被玻璃擋在窗外。長期下來，不但對老年人沒有好處，而且還會導致子女的身高受到限制。

另外，心理學專家指出，陽光還可緩解人們壓抑的情緒。許多人一到冬天和陰雨天氣就會失眠、胸悶、煩躁。這與日照時間的減少有關。這時身體中的褪黑素分泌相對增多，而這種激素與抑鬱密切相關。而接收太陽光線便是解決這一問題的最好辦法。

接收太陽光線要注意時間和方式。盲目曝曬在陽光底下也會給身體帶來損傷。

一天中，有兩段時間最適合曬太陽。第一段是上午六點至十點，此時紅外線較為強烈，紫外線偏低，使人感到溫暖，可以起到活血化瘀的作用。第二段是下午四點至五點，此時正值紫外線偏強，可以促進腸道對鈣、磷的吸收，有利於增強體質，促進骨骼正常鈣化。不論是哪個季節，上午十點至下午四點之間，尤其是中午十二點至下午四點之間，盡量避免曝曬於陽光底下，因為此時的紫外線會對皮膚造成傷害。

每天堅持曝曬陽光不少於三十至六十分鐘，即可平衡陰陽。曬太陽時最好穿著紅色的服裝，其次選擇白色服裝，切忌黑色。

遠離塵埃，老年人可以像候鳥一樣飛翔

空氣清新，是自古以來人們在養生修身中一項重要的內容。環境空氣污濁，人體本能地會加以回避。追求什麼樣的環境，如何才能符合空氣清新的要求，這是古人早已有所認識的一種養生保健內容。

空氣清新的大敵是塵埃。早在三千年前，人們在早晨起床後，就要在庭院裡「灑掃」。掃是掃地，即把地面上的雜物垃圾掃掉。「灑掃」的方法，即把水噴在地面上，

然後再掃，其目的很明顯，就是避免掃地時灰塵飛揚，空氣污濁。

這種個人或一個家庭對付灰塵的方法，後來也應用於城市的整潔環境應用中。宋代孟元老所寫專門記載當時京城的各種風俗習慣、民族風情的《東京夢華錄》有這樣一段記載：「公主出降（嫁），亦設儀仗、行幕、步障、水路。凡親王公主出則有之，皆系街道司兵級數十人，各執掃具，鍍金銀水桶，前導灑之，名曰水路。」「水路」，就是在前進的途中，邊走邊灑水，不言而喻，這種措施的目的就是為防塵。因為貴族、王公要人外出時，才專設這種「水路」，所以有專人灑水，且用的器具也都是鑲金鍍銀，一般人並沒有這個特權。

其實，也許這種「灑水隊伍」只是為了彰顯統治階級身分的高貴而已。早於宋朝前的幾百年、甚至幾千年前，人們已經不滿足於利用這種人工噴水的方法來防塵了。《後漢書》的〈張讓傳〉曾記載：「掖庭令畢嵐……又鑄天祿蛤蟆，吐於平門外橋東，轉水入宮。」而據考證，當時畢嵐鑄成的「天祿蛤蟆」，是一種製成蛤蟆形狀的銅製人工噴泉設計。把這種東西設置在平門外橋東，噴出來的水匯集成流，並流入宮中。看來，在當時這種設施不止一二個，才能形成如此水流。

古人還提出，如果居室因條件而有所限制，無法建於林邊幽谷的優美環境中，那麼，也當採取一些其他辦法以遠離灰塵。一種是時常到郊外踏青野遊，其益處古人是給予高度讚揚的。當然，每年有一定時間外出旅遊，不僅遠離塵埃困擾的城市生活，能大大增進健康，還增廣見識，有名的旅遊兼地理學家徐霞客以及歷代有名文人，莫不從中吸取創作靈感並使身體獲益。假如這些都沒能辦到，那麼，也可於院子中植樹種花，創造良好的氣候環境。清代養生家曹廷棟在《老老恆言》中就說過：「院中植花木數十本，不求名種異卉，四時不絕更佳。呼童灌溉，可為日課。玩其生意，伺其開落，悅目賞心，無過於是。」真可謂樂在其中，在這裡，作者雖未明言種花植樹對去除塵埃的積極意義，但觀其並不求「名種異卉」，可見其真正目的並不是為種花而種花。

可見古人對於防止塵埃危害人體健康的重要性是十分注意的。對於為何要防止塵土、遠離塵埃的道理，並沒有追根究柢。現代研究證明，塵埃是人類健康的大敵。事實是，即便不是刮風導致滿天灰塵的沙塵氣候，空氣中仍然飄浮著大量的塵粒。當人身處於一間比較昏暗的空間裡，如果有一絲陽光循入室內，便能清楚地看到空氣中飄著無數的塵粒了。

塵埃是人體健康最大的威脅之一。現代世界各國環境保護者把大氣污染當作鬥爭主要對象之一，由此，異地養老也成了一些「新派」老年人的時尚生活方式。一些經濟條件較好的老年人像候鳥一樣選擇氣候適宜的寄居地生活，還有一些老年人成群結伴，前往歷史名城或名勝觀光地養老。這些老年人皆選擇入住當地費用相對便宜的老人公寓，並做較長時間的停留。這樣既節省開支又輕鬆自在。

在東方各國的沿海經濟發達地區，異地養老群體呈明顯上升勢頭。閒暇是退休者特有的優勢，老年人應該通過旅遊觀光來豐富自己的退休生活，提高健康水準。如今許多退休者愈活愈「瀟灑」，省吃儉用的傳統觀念悄然改變，所有老年人已開始向「享受」型養老轉變。

風箏的季節裡送走病氣

將放風箏作為一種康復療法，古人早就有認識。「迎天順氣，拉線凝神，隨風送病，有病皆去。」從中醫的角度來講，陽氣會隨著春天的到來而升發，人體的氣血因此產生往外透發的趨勢。入春之後，人們如果走出戶外放風箏，就可以「發洩內熱，增強體質」，有消除冬日氣血積鬱、祛病健身的功效。

風箏的季節裡送走病氣

《黃帝內經》倡導天人合一養生，能夠投入到自然的懷抱，讓清風拭去心靈蒙受的風塵，讓松濤洗濯耳朵裡灌滿的喧囂，對於大多數人來講，放風箏是一種很便捷的尋找健康、關注健康的方式。「放風箏」給了人們一種浪漫溫馨的生活方式的同時，也是可以讓人完全信賴的袪病養生的方法之一。

有一位醫生同時面對三位老年人。其中年齡最大的長者六十六歲。這位長者表示自己以前去醫院檢查過，頸椎出了問題。最近病情加重，胳膊和腿開始痠軟，手指也開始發麻，只好來詢問醫生有沒有其他方法可以醫治。

這時，醫生告訴他：「就三個字：放風箏。」長者一臉茫然的表情：「就這麼簡單？以前我去醫院檢查，為了治療花費一千多塊錢。放風箏就能治療頸椎？」

另外兩位長者對醫生的回答也產生了濃厚的興趣。「我們今天也想借這個機會好好瞭解瞭解，平時我們也會帶著孫子出去放風箏，可從不知道放風箏還能治病。。」

這位醫生對三位老人說：「我和你們詳細解釋。首先說頸椎，我們的頸椎，上接頭顱，下接胸椎。但它的功能要比胸椎、腰椎複雜得多，它可以負重、減震、導向、滑動等等，它的功能很多，使用率也特別高，所以非常容易受損。隨著人年齡的增長，脊椎也會老化。中老年人的骨質增生、椎間盤突出等症，待發展到椎間孔狹小、椎體失穩時，就會產生各種症狀，這就是頸椎病。」

「再者，頸椎是有代償能力的，就是通常我們理解的恢復能力，當某些病變影響了頸椎的功能，代償就會發生作用，包括微血管再生和韌帶增厚等等。要想延緩椎體和韌帶的老化，充分發揮這種代償功能，最好的辦法就是運動，此外再沒有任何靈丹妙藥。而放風箏就是最好的康復療法，放風箏既能夠防治頸椎病又特別適合中老年人的活動。」三位長者一邊仔細聆聽，一邊頻頻點頭。

風箏已經有兩千多年的歷史了，人們對於風箏的興趣久盛不衰，其所具有的養生保健作用是重要原因。看著三位長者聽得聚精會神，醫生接著說：「放風箏時，受興趣的驅使，人要仰首舉目，挺胸抬頭，左顧右盼，仰俯有度。經常放風箏，可以保持頸椎、脊柱的肌張力，保持韌帶的彈性和椎關節的靈活性，增強骨質代謝，加強頸椎、脊柱的代償功能，既不損傷椎體，又可預防椎骨和韌帶的退化。所以說放風箏是前人傳承下來的一種防治頸椎病的祕方。」

患病的長者指著其中一位同來的長者說：「怪不得何先生的身體硬朗，就是因為每天放風箏。」長者表示，三個人中除了何先生之外，其餘兩人都各自患有頸椎病，只是前來求醫的長者更嚴重一些。放風箏是何先生的愛好，只要有空閒，他便會帶著孫子去放風箏。今天還是兩位長者把何先生一起拉過來陪醫的。

長者在臨走前表示，既然放風箏能治療自己的頸椎病，以後就會經常跟著朋友一起放風箏，並且有空會帶上自己的兒子。因為他的兒子是一位負責開發軟體的工程師，有時候在電腦前一坐就是好幾個小時，頸椎似乎也有一點毛病。

臨床上很大一部分患者都是由於長期用頸過度，如長時間使用電腦、看電視、駕車等，這些都可導致頸部肌肉痙攣、勞損，從而誘發頸椎病。所以，頸椎病也在趨向年輕化。

人總是會生病，在疾病面前，大多時候人是聽天由命的弱者。疾病是千奇百怪的，治療疾病的方法也多得數不勝數。人們總是為找到了治療某種疾病的方法而欣喜若狂，但卻很少去珍惜疾病前的健康。這個時候疾病就成了一種命運。中醫的最高境界是不治已病治未病。也就是說人應該關注的是健康，而不是疾病。希望現代人能多多關注健康，而不是疾病本身。用健康的身體提高生活的品味，尋找生活的樂趣。

風箏的季節裡送走病氣

「楊柳青，放風箏，風箏入九霄，病氣隨風消。」有人歸納放風箏對人有四大好處：一，是活動身體，氣血暢通；二，是仰望遠視，最能明日；三，是萬慮俱消，怡愉情志；四，是張口呼氣，隨風送病。

趨向日光，和大自然進行一次裸聊

宋代有個叫晁端仁的人，得了一種「冷疾」，也就是寒病，無藥可治。後經人介紹，在日中灸背，即每天背向太陽作日光浴，竟獲痊癒。

冬日曬太陽，可以治病，這也是人的本能吧。尤其是在遠古時期，當人類還處在野居穴處的時代，冬日就更是大自然的賜予，倍加可愛。恐怕人類的祖先就是在這種本能的啟發下，儘管進入科技人文皆發達的社會以後，仍然相當重視日光帶來的好處。

養生學家很自然地想到要充分利用日光來促進人體健康，直至治療疾病，更何況這種養生方法是最為廉價的，人人可做的。如果你比較一下其他任何養生方法，食補、藥補、健美，以至於旅遊、氣功、按摩等等，較之日光浴的養生法，無一不比它麻煩、花費多，因而這種不花錢的養生方法，在古代養生學中占有一席之地。

早在魏晉時期，嵇康的《養生論》中，就提到了「晞以朝陽」的養生方法，也就是人們所說的日光浴了。但言之過簡，也沒有提到具體做法。約同時代的《太上黃庭內景玉經》中也有「日月之華救老殘」，這裡主要也是說日光對年老體弱人的重要性。到了唐代，著名醫學家孫思逸也曾提出「呼吸太陽」的養生方法；宋代的《雲笈七籤》也有「採日精法」，這些都是把氣功吐納呼吸法與日光互相結合的養生方法。

當時，這種養生法具體做法是，清晨東方太陽升起不久，面向太陽，雙目微閉至稍露光線。然後調節呼吸，使之均勻，並漸漸仰頭伸頸，並吸入空氣陽光及熱量，直至腹部；稍停片刻，再慢慢吐出空氣，並低頭收頸，回復原來姿勢。這種方法，可收到氣功與日光浴兩種鍛鍊的好處。

不過，這種方法還不容易推廣。主要是氣功吐納的方法要求較嚴，有時容易顧此失彼。故而後世還是多數隻單獨採用日光浴的方法，吐納則可分開進行。清代養生專家曹庭棟在《老老恆言》中對日光養生法敘述得最為詳細：「清晨略進飲食後，如值日晴風定，就南窗下，背日光而坐，列子謂之負日之暄也。脊樑得有微暖，能使遍體和暢，日為太陽之精，其光壯人陽氣，極為補益。過午陰氣漸長，日光減暖，久坐非宜。」

這一段記載提到日光浴法，它明確提出了進行日光浴的時間，最好在上午，其理由是日為太陽之精，而一日之內上午是屬陽的，過了午則陰氣漸長，日光的養生價值自然就受損，所以久坐非宜。再則它提到了具體的浴法。這裡與唐代所說的日光呼吸法有異。它主張背向太陽，這是極符合養生要求的。因為面向太陽，即便是旭日初升之時，陽光過強的刺激，於眼睛的視力也是有害的。更何況如果在太陽已高掛天空時，如面對陽光，將對視力造成危害。

尤為難得的是這一段話道出了日光浴的養生價值：「它能使人身遍體和暢，極為補益。」古人認為，日光是太陽之精，能壯人之陽氣。人體的陽氣是人體機能活力的集中表現，由太陽之精吸取陽氣，當然是對人身陽氣極為補益的手段。這是一種最為廉價的補品，人人可得。

如果用現代科學的觀點來檢驗古人的這些結論，也不得不嘆服古人的智慧。現代科學認為，陽光對人類具有重要的保健作用。就單以亮度而言，人的居室如不見陽光，則室內陰暗，有損視力，於人的心理也有壓抑作用，使人心情抑鬱。

一個時常處在昏暗空間中的人，正與長年執行夜班、無法接觸太陽的人一樣，在生理活動規律上會產生一些變化。對於年輕人及兒童來說，這種影響並不明顯，因為他們活動度大，與外界接觸多。對中老年，尤其老年人就不一樣。無法接觸陽光不僅使心情抑鬱，而且容易使視力疲勞，誘發青光眼、白內障等等，或加重病情。

再說，太陽光中含有各種顏色的光，其中的紅外線是穿透力強、熱量大的一種射線，它使人感到溫暖，即使隔窗而曬，熱力同樣可以「炙手」。正是它刺激人體的神經末梢，促進人體的血液循環，使其加速流動；它還可提高人體呼吸系統、消化系統的生理機能，從而使新陳代謝加速，人體皮膚的抵抗力也由此而提高。所有這些，都足以使人的精神狀態振奮、心情舒暢。這樣，對於人的心理、生理狀態都起到積極的作用。

適當的曬太陽，對人身體的好處很多。專家指出，如在戶外曬十分鐘太陽，血壓可下降六公厘汞柱。對此，現在不少高血壓病人和高血壓的高危險人群，已經開始非常積極地到戶外曬太陽和參加運動。南方的家庭冬天一般都沒有爐火取暖，室溫較低，老年人經常到室外曬太陽，所以罹患骨質疏鬆症的人就明顯比北方的老人少。荷蘭的研究表明，曝曬太陽還可減輕老年癡呆。

所以，為了健康長壽，老年朋友不妨趨日光，與大自然多進行裸聊。

第八章　老有所樂：做一個「懂生活」的時尚老人

生命是為自己綻放的一朵花

一個晚期癌症患者，本想拒絕治療，卻被親人苦苦哀求：「為了我們，你也該活下去呀。」於是此名病患在最後的歲月裡，飽受三次手術的痛苦。出生不由己，善終也同樣。

一名女性在碩士畢業後考取博士，同時又被一家公司錄取。其親人苦口婆心，勸告她一定要獲取博士學位，原因卻僅僅在於親人年輕時沒有機會升學。於是這名女性只好硬著頭皮，繼續鑽研一門自己不喜歡的專業，以此回報親人作出的犧牲。

一位新娘在婚禮前突然發現未婚夫品行不端，她告訴母親自己不想結婚了。然而母親卻以情緒勒索的方式，向新娘說道：「結婚證書都有了，不要讓旁人看笑話。」結果，這位新娘在婚後一個月懷孕，兩個月鬧離婚，半年內離開家庭，十個月後便成為單親母親。

人們寧願接受一個悲劇合情合理的發生，卻不能明智地選擇不讓它發生。是的，所有這一切，源於我們身不由己，源於我們在人生的舞臺上的多重角色，源於我們很少琢磨過「活給誰看」這個議題。生命本是一朵豔麗無比的鮮花，而能使這朵鮮花無限綻放的力量就在自己的身上。生活其實就是萬花筒，只有不斷地變換自己的位置，才能組合出最美麗的圖案。

你是否想過，是誰能千秋萬代、形影不離、永不變心地陪伴你度過一生？父母生養自己，撫養自己，那是自己的前半生；子女孝順自己、贍養自己，那是自己的後半生。雖在伴侶那裡獲得愛情和幸福，但最終也難以伴自己走完人生的最後一站，那種「不求同年同月同日生，但求同年同月同日死」的海誓山盟只會出現在電影裡，離現實生活非常遙遠，甚至幾乎不存在。

那在這趟人生的漫漫旅途上，還有誰能自始至終陪著自己呢？答案也就是自己。

從出生那天起，自己就像自己最忠實的夥伴，默默地、無私地為自己傾其所有，奉獻一切。當自己快樂時，便開懷暢笑；當自己憂愁時，便聲聲歎息。當自己患病時，便日夜守護；當自己生氣時，便無條件安撫。

而面對你的「自己」呢？你有關心過自己、愛過自己嗎？「自己」可是永遠屬你的，任何人也奪不走的。但現代人往往忽略了「自己」這個角色，認為所有關愛和體貼都要由他人來給予才有意義。他人的重要性已在現代意識中超越了「自我」，許多人忘了在要求別人愛自己、關心自己之前，要先由自己做起。

學會關愛自己，生活才會更加美好。天氣冷了，為自己加一件衣服，自身的保暖不能靠別人提醒；身體不舒服，帶自己去看醫生，不要錯過了治療的時機。如果做錯什麼了，一定釋懷，切莫過度苛責自己。天下哪有十全十美的人？沒有人是完美的。

煩惱來了，別讓自己悶進煩惱裡，想想自己經歷過的高興的事情。但在關愛自己，寬容自己的同時，並不代表能縱容自己，甚至虐待自己。

有些人對自己極不公平。動不動就辱罵自己、毆打自己，在飢餓時刻意不進食來當作對自己的懲罰，或者故意讓自己不准睡覺。這可是世上的第一愚者。要知道，自己是你的全部，是你的命脈，是你的永久。也只有你的自己，才能保護自己的你。

一定要善待自己，給自己送上一束鮮花，給自己送個燦爛笑容。有句話說得好：「夕陽無限好，只是近黃昏。」從初學語言的孩童，到經歷無數的人世變遷，成為了孩子眼中最親愛的父母、他人眼中學識淵博的老者、社會中不可或缺的智慧群體。在不斷增長的年齡中，我們又再次獲得了一些從未獲得的價值與意義，生命也從此揭開了嶄新的一頁。

從此，生命的璀璨與亮麗、豐富與充實，就盡在自己的掌握之中了。這時候，心態的轉變就顯得尤為重要。年輕時候的我們，一切為了家庭，一切為了子女，一切為了工作，並且為了這俗世的名與利不停奔波、不斷求索。

可當從退休的那一刻起，或者說步入自由的老年生活的那一刻起，以前的種種思維方式就該劃上個句號了。生命本就是屬自己的，也許前半生每個人都必為他人期盼而有所猶豫，甚至走上自己不喜歡的道路。但對於後半生，我們卻完全可以獨自擁有。

為子女活、為他人活、為名利活，都不如為自己活。生命本是屬自己的，就應在自己的掌控下開出最靚麗的花朵。很多老年人一遇到不如意的事情，經常說的話就是：「我老了，活著也沒有多大意義。」但其實哪裡老了呢？身體依然強健，精神依然抖擻，眼眸中依然閃爍著對新生活的無限渴望。和自己相比，又有多少年輕人自愧不如啊！

活著就是一種幸福，而為自己活，就更是一種幸福中的幸福。讓我們一同為生命喝彩，一同以前所未有的飽滿精神去擁抱屬自己的新生活吧！帶著勇氣去迎接新的生活，因為那是一片繁華似錦之地，必將帶來嶄新的快樂生活；用自身的能力去開創新的生活，因為豐富的人生體驗，已然可以讓人坦然面對一切、創造一切！

我的心只有十八歲

有一位非常熱愛旅遊的朋友，每次和人碰面總會講一些旅遊途中遇到的一些人一些事。有一次，我在新疆旅行時，這位遇到了一位看起來應該有五六十歲的日本婦人。

這位日本婦人做了自我介紹，稱自己叫作洋子，一個人以自助旅行的方式走絲路。從她被曬得黧黑的膚色來看，絲路之旅應該走了好一段時間了。果然，這位日本婦人已經行南闖北走了三個多月。但讓人吃驚的話卻還在後頭，婦人說：「為了能獨自走這趟絲路，我先去瀋陽讀了一年的漢語，然後再從瀋陽坐火車到北京，北京坐火車來新疆烏魯木齊。」

以這位婦人的年紀，仍秉持利用這種旅行方式，未免過於辛苦。然而面對朋友的訝然，婦人卻淡然回道：「這怎麼算是吃苦呢？走絲路是我年輕時就存在的夢想，我是在享受那一步步圓夢的幸福啊！」

後來在天山的哈薩克人牧場上，朋友遇見了一位美國老先生，他的頭髮已幾乎全白，就像耶誕賀卡上的聖誕老公公。這位老先生只會用中文說一些基本詞彙，也是獨自一人自助旅行。有人問他今年貴庚？這位老先生頑皮地反問道：「你問我的頭髮還是我的心呢？如果你問的是心的話，我只有十八歲。」

在青海的機場，還遇見一位七十多歲，只會用中文說謝謝，看起來年紀非常高齡的澳洲醫師。他獨自來青海旅行的原因，只是為了想親眼看看傳說中美得像塊藍寶石的青海湖。

報紙上曾經有一篇報導，有三十四位平均年齡六十三歲的法國老人，駕著十七輛房車，從法國出發，橫越歐亞大陸十多個國家，並從新疆展開為期九十天的絲路之旅，環遊中國的壯舉。年紀已七十八歲的一位長者，光著上半身進入車底維修時，一位年輕人問他：「你年紀這麼大了，應該留在家中享福，幹嘛還要這麼受苦？」這位長者怡然自得地回道：「我現在就是在享十八歲時『想』的福啊！」

人的一生，真正的十八歲只能擁有一次，但心靈的十八歲卻是永恆的，願每位老年人都能如這些老人一般，天天、年年都如十八歲。

做自己身心的駕馭者

寧靜是一種心境，氤氳出淡淡的清幽和秀逸，讓心靈逃離城市的喧囂，保持著神聖的單純。人生因為單純而晶瑩透亮，容貌因為單純而永遠迷人。

所以，無論未來的路上有多少風雨，請務必保持一顆屬自己的年輕、寧靜的心。這樣，無論是十年，二十年，抑或更久，當熟悉的人們久別重逢，也能容易地將自己從人群中辨認。

把快樂當成自己的一種心理性格。阿伯拉罕．林肯說：「只要心裡想要快樂，絕大部分人都能如願以償。」的確如此，快樂來自於一個人的內心，而不是存在於外在。快樂是人類特有的一種心理感受，一個精神充實、對生活充滿信心的人，必定是一個心理健康的人。現代人總是覺得自己經常不快樂，可究竟為什麼不快樂呢？是壓力太大，還是自己想要的太多？如何保持生命的最佳狀態？如何才能擁有樂觀的態度和散發著春天般活力的心靈？美國心理學家塞利格曼，為人們揭示出一個與傳統心理學完全不一樣的心靈世界——積極心理學。

積極心理學表明，要想快樂，首先必須有一顆寬恕的心。快樂的人，親人與朋友總會圍繞在他身邊，這種人不會去盲目攀比，或是在意自己是否能跟上旁人富裕的腳步，因為他有著一顆寬恕而善良的心。讓快樂成為自己的一種心理性格吧，正如積極的心態能夠加快一個人成功的步伐，快樂的心理性格可以讓你擁有一個無悔的人生，讓生命中的每一天都能夠坦然微笑。

想要擁有快樂，不要忘了感激。感激自己還健康地活著，感激自己是自由的，感激自己還有美好的未來可以期待，感激他人給予你的一切幫助。心理學研究顯示，把自己感激的事物表達出來，能擴大一個成年人的快樂！多給自己注入一些「積極基因」，做一個從內心擁有快樂的人！

沒有人能隨時都感到快樂，但也沒有人會永遠痛苦。養成快樂的心理性格，你會發現這個世界上的快樂原本就多於悲傷。正如肖伯納所說的那樣：「如果我們覺得不幸，可能會永遠不幸。」同樣的道理，如果我們覺得快樂，那快樂一定伴隨我們左右。

一個快樂的人，通常更容易取得成功。舉個例子來說，愛迪生有一間價值幾百萬美元的實驗室，但因為一次意外，實驗室被一場大火毀於一旦，更讓人痛心的是，實驗室沒有購買保險，所以沒有任何賠償。於是就有人問他：「你該怎麼辦呢？」然而愛迪生卻回答：「我們明天就開始重建。」樂觀的態度幫助愛迪生戰勝了絕望，開始了科學探索新的征程。心理學家霍林沃茲也說過：「快樂需要有困難來襯托，同時需要有面對困難的心理準備。」

人的生活有太多不確定的因素，隨時可能會被突如其來的變化擾亂心情。與其隨波逐流，不如有意識地培養一些讓你快樂的習慣，隨時幫助自己調整心情。

做一個快樂的老年人

人在各年齡階段的快樂是不一樣的。老年人的快樂是指健康，經濟有安全感，被社會接受，不感到寂寞，覺得自己還有利用價值，擁有信仰，並感到滿足。

一個人參加了有意義的社會活動或為社會、為他人作出了某些貢獻，就會獲得滿足、榮譽感，感到生活充實，就會有積極、振奮的精神。如果不能滿足人類的需要和個人的需要，就會產生消極的情緒。個人的需要是隨著年齡的增長而變化的。一般來說，年輕人重理想，中年人重事業，老年人重尊重，即社會和家人對自己一生成就的承認。因此，老年人要得到真正的快樂，就要參與社會或從事一些力所能及的有益的活動。

英國一項調查顯示，六十歲以上的英國婦女仍然為家務繁忙。平均每天做家務達三點五個小時。英國婦女之所以樂做家務，一是年輕時就有樂做家務的傳統；二是她們普遍認為做家務既可以充實生活，又可娛樂身心；三是英國老年人的娛樂活動較少。

而在日本，愈來愈多的老年人喜愛騎乘摩托車，一是因為造型和設計款式五花八門，專為老年人設計的小型摩托車也紛紛上市，平穩且節省油費；二是因為交通部簡化了考取駕照的手續；三是因為日本正處於經濟蕭條期，騎乘摩托車比駕駛汽車要來經濟許多。

德國的龍舟運動起源於公元三世紀的中國，在現今的德國也有不少老年人迷上賽龍舟。德國的漢堡市就有兩支全部由五十歲以上的老年人所組成的龍舟隊，並經常進行比賽。德國老年人之所以迷上龍舟，一是龍舟運動本身頗具「東方魅力」；二是龍舟運動帶來的是一種自由、積極和勇往直前的精神。

西班牙的滾鐵圈運動原本是青少年的遊戲，但在西班牙的多數城市中，愈來愈多的老年人也開始接觸滾鐵圈運動，並把它當做一種時髦的健身活動。不過，老年人們使用的鐵圈比青少年使用的鐵圈體積來得更大，而且也稍微粗一些，為的是滾動起來平穩、緩慢。健身專家們認為，滾鐵圈不僅活動了老年人的四肢關節，而且還特別有利於鍛煉呼吸系統。

新加坡的老年人樂於做義工。一般說來，那裡的老年人生活很富裕，但他們並不坐享優越的生活，而是走出家門，做些力所能及的事，其中做義工是他們生活中的重要內容之一。某位八十三歲的新加坡長者，眼睛動過四次手術，視線已模糊不清。他說：「看不見不要緊，只要還有一雙靈活的手，仍然可以到兒童協會做義工。」動手術前，這名長者可以獨自從家裡到兒童協會去，但術後就必須依靠傭人帶路。有趣的是，二十歲的傭人在這位長者的影響下，竟成為協會中最年輕的義工。

快樂的老人善於適應困境，能在黑暗中尋求光明。樂觀的人的共同特點，就是想得開，對生活充滿信心。老年人要使自己快樂，必須心胸開闊，以現實的眼光看待一切。不封閉自己，正確評價自己，能自知、自信、知足。順應自然，自己能力達不到的事不去強求。

人們在玩笑和娛樂中也有快樂感，從朋友的聚會或家人的團聚可以得到快樂以調劑生活。但真正的快樂是在人從事有建設性、有意義的活動中取得成績增強了信心，獲得了自我滿足時產生的，對老年人也是一樣。根據個人的特點，老年人可以利用多年積累的經驗，創造條件，開闢工作的新天地。有煩惱的人對事情往往沒有興趣，但是，興趣是可以培養的。做喜歡做的事情，提高技能，使自己勝任社會工作，從而體驗快樂。

老年人不要懊惱過去，也不要擔憂未來，要牢牢把握現在，享受人生。為今天而生，這就是老年人幸福生活的準則。過好每個今天，才能使生命更有朝氣，更有力量，更有成果，更幸福，更安全，更快樂。

歌聲與音樂裡的「夕陽紅」

即使是寒冬臘月，走進公園、廣場，都能隨處可見引亢高歌的人群，而通常這些人都是一些退休後的中老年人。

唱歌是一種呼吸新鮮空氣的有氧運動。人在唱歌時全身都在運動，可使大腦皮層的抑制和興奮達到相對平衡，強化胸廓肌肉的力量、增加肺活量，這與登山、游泳、划船有異曲同工之妙。唱歌還有怡情養性的獨特功能，並能調節心血管機能，穩定血壓，對老年人大有裨益。對老年人而言，唱歌也可以促進大腦保健。因為唱歌時百分之八十以上的神經細胞參與大腦活動，有助於提高人體記憶力和表達能力。眾所周知，大腦的健康對延年益壽有著功不可沒的作用。

退休後，日子就清閒下來。何以為樂?買一臺收音機和一臺音響，時時與音樂相伴，果然心舒胸暢、神清意爽。清晨，早早起床，洗漱完畢後，戴上耳機，迎著晨間曙光隨意走去。耳畔有清音，眼前有佳景，景與音相融，音與景共舞，便覺得那霞光呀、旭日呀、草葉上的露珠呀，皆擁有了超乎尋常的美感，不知不覺地陶醉其中，忘了年歲、忘了衰老，同樣感到生命的年輕、意氣的飛揚。

人老了，睡眠少，最難熬的還是夜晚。若放上一盤音樂，心境就不同了。一曲〈春江花月夜〉，把音量調小，那樂聲就像絲絲沐浴著花香的水氣，在房間裡彌漫、滋潤。然後，我就泡一杯茶，臨窗而坐，看看報、讀讀書、翻翻畫冊，彷彿那文字也受音樂的潤染，變得字清如水、句圓如露，讀起來格外的流暢，格外的賞心悅目。若不讀不看，只品茶，只聽音樂，也很有趣，心緒順著那樂聲的流淌，好像走出了都市樓群的擠壓，正漫步在淌著月色的春江邊，看白帆點點、漁火灼灼，聽槳聲相邀、漁歌互答。聽到動情處，往往情不自禁地擊掌而起，狂作少年態，起舞弄清音，酣酣然不覺夜之既深，只覺心也清爽、意也清爽，上床即安，倒頭便睡，一夜好夢，一宿好覺，不知失眠是何滋味。

我的生活，我做主

有一次美國哈佛大學的一位校長前往中國北京大學訪問時，講了一段自己的親身經歷：

有一年，這位校長請了三個月的假，然後告訴自己的親人，不要問他去什麼地方，每個星期自己都會給家裡打個電話，報個平安。

他隻身一人，去了美國南部的鄉村，嘗試著過另一種全新的生活。他到農場去做工，去餐廳當臨時洗碗工。在農場做工時，他也會偷偷瞞著老闆抽煙，或和自己的工友閒聊幾句話，這些體驗都讓校長有一種前所未有的快樂。

最有趣的是，這位在一家餐館找到一份洗碗工的工作，做了幾個小時後，老闆把這位校長叫了過來，跟他結清當日的薪資，接著老闆對校長說：「可憐的老頭，你洗碗的速度也太慢了，你被開除了。」

三個月後，當那位校長重新回到原來的生活時，他感覺以往再熟悉不過的東西都變得新鮮有趣起來了，就如同孩子眼中的世界，一切都是那麼的新奇有趣。

我們這一代人，都是在一種很封閉的環境中生活過來的。年少時，都經歷了少年的苦難，工作後又開始投入到一種革命化的工作環境之中，習慣了服從領導、聽從安排，接著就是結婚成家，為人父，為人母，子女又成為了生活的重心，處在上有老、下有小的中間位置，既要工作養家，又要盡忠盡孝。好像從來就沒有可以替自己著想的機會。如今，恐怕連自己掌握自己生活的想法都要被抹滅了，對於「白我」，就像是徹底失去了一樣。

隨著時間的變遷，子女們大多都已成家。退休讓老年人重新擁有了真正屬自己的時間和空間。本來可以規劃一下屬於自己真正的生活，享受一下自由自在的快樂，但是因為已經習慣了聽從環境和壓力的驅使，反而現在感覺無所事事，生活無望了。

其實，自己掌握自己的人生也是一種能力，它不是天生俱來的，也不是始終不變的，這種能力也必須要通過不斷地學習和鍛煉，才能獲得，才能運用得更好。必須從現在起，樹立起一種「為自己而活」的思想觀念，學會活得更加自我，身心才能更健康。

生活中，有人情願放棄極為可觀的收入，提前辭去肩任的要職，因為他們認為，此生要給自己留一點時間，做自己想做的事。現如今，許多年輕人經常抱怨，由於社會競爭激烈，工作壓力太大，考慮過早點退休過真正屬自己的生活。可見現代年輕人對退休有著與上一代人截然不同的思想觀念。

其實一個人退休後，最大的失落來自於生活目標的消逝。多數人退休後，無所事事、百無聊賴。那麼，追求健康長壽又有什麼意義呢？活著根本不等於生活。雨果在八十二歲高齡時說：「什麼也不做，這就是老年人的災難。」算一算，從退休到完全衰老，還有幾十年的光陰，這是最成熟和最智慧的人生階段，也是足夠讓一個幼童成為有才之士！怎能全都用來「養老」和「整日空閒」？當人「惜物成性」，把最後一點牙膏用力擠出來時，或是把單面印刷的紙再翻過來重新利用背面空白時，我們卻任憑人生最寶貴的時光白白流淌。這種「揮霍」實在不可思議又愚不可及。

因此在退休後，每個人一定要盡快完成角色轉換，認真「盤點」一下自己的「資源」，不妨訂定三個「五年計劃」，樹立一個清晰明確的近期和長期目標。應聘一個合適的職位，或自己著手開辦公司，或強化並提高某一項專長使之終成氣候，或在各類學術領域和社會公益志願活動中一展抱負等。許多人過去都困在「英雄無用武之地」的工作職位，那麼現在我們就必須真正為自己做一次主，努力實現自己的心願。

從現在起，做自己命運的主人，重新找回自我，真正掌握自己的生活。

錯過的東西，現在可以找回來

以前工作時，有多少渴望完成卻沒有時間完成的事，如今人生邁入退休階段，時間管理上終於獲得自由，取回了安排自己生活的主動權，怎麼反倒會無所適從呢？再問問自己，對於離開的職位是發自心底熱愛和自豪嗎？如果只是為「衣食奔走」而上班，那更不值得黯然神傷。因為退休，甚至能擺脫了複雜的人際關係，「摘下面具」去更真實地生活。如果把退休當成自己心中盼望已久的事情，那對於自己的退休便完全是另一種心境和感受了。

每個人年少時一定都會有自己的夢想，那時候，常常會想自己將來做一個什麼樣的人，從事一份什麼樣的事業。但是，往往由於社會或者家庭等種種原因，失去了展示自我、發揮潛力的機會。因此，大多數人都從事著與自己兒時的夢想相差甚遠的工作，過著與自己夢想格格不入的生活。

那麼，現在擁有了真正的自我，也擁有了屬自己的時間，就有責任去現實自己的夢想，有必要重新發揮自己自身的潛力，努力找到自己真正夢想擁有的生活。

現在很多人在六十歲的時候，就認為「自己老了，不行了」，這是非常錯誤的觀念。千萬不要認為自己老了，「老」是自己想出來的。相反地，六十歲以後是應用智慧的時期，創新的時期。六十歲以上的人，大腦的記憶力跟年輕人仍然差不多。退休只是人生全新階段的開始，還有二十年、三十年甚至四十年的美好時光去追求。

人們在習慣上把人生分為三個階段：第一是學習階段，第二是工作階段，第三是休息階段。但是，現代社會發展迅速，知識結構更新變化很快，一天不學習，就可能跟不上時代的發展。社會上也有不少人特別重視「活到老，學到老」這樣的學習方式。退休後，正是一個重新學習的好機會，由於年少時的動盪，工作時的繁忙，人們大多都錯過了許多學習的機會，但其實退休者對於知識的渴望，往往超越任何年齡階層的人們。因此，人們可以利用退休後大量的空閑時間，在知識的海洋裡自由自在地暢遊。

人生的精彩之處，在於找到自己喜歡做的事情，並以此為自己的終身事業。很多人都把自己的職業當成了革命工作和生活來源，在工作時都從事著與自己興趣相差甚遠的職業，所以往往沒辦法從工作中真正體會到人生的快樂所在。退休後，應該重新審視一下自己，再回頭想一想自己年輕時的興趣，找到自己最喜歡做的事情，並把它們當作今天生活的重要內容，從中找到生活真正的樂趣。

生命的衰老是不可抗拒的，但是心理和精神，可以由自己來駕馭。一個成熟的人，應該保持童心不老，樂而忘憂，做一個耄耋的年輕人。人可老而亦壯，也可未老先衰，關鍵不是歲數高低，而是取決於思維創造力的大小。

興趣是身心的保鮮劑

在街頭巷尾，衣著時尚的年輕人，跳著動感的音樂，其舞姿輕快俐落，這是街舞留給人們的最深刻的印象。不過，跳街舞可不都是年輕人的專利。各國積極舉辦老年人選美大賽中，有無數的老年人爭先報名，跳起了與年輕人同樣動感的街舞。

在老年人選美大賽的決賽現場，能進入決賽的老人，各個氣質不俗，身懷絕技。其實年輕的心態、健康的體魄，這就是老年人永保青春活力的祕訣。許多年輕人看到這些老年人，都會忍不住感慨說：「我最大的感受好像是我們老了，他們很年輕。從他們的心態，從他們的表演，都能感覺到他們的活力。」

退休之後，一個人如果天天無所事事，精神沒有一點寄託，總是空虛散漫地過日子，那麼就會悶得心裡發慌。明代才子袁宏道說過：「人情必有所寄，然後能樂，故有人以弈為寄，有人以技為寄，有人以文為寄。」這要取決於個人愛好和條件而定。諸如看書、寫字、繪畫、垂釣、跳舞、種花、養鳥等文化活動，都是珍視人生、有所作為的興趣愛好，而且也從不同的角度體現人生的價值。

瑞士曾有位名叫古斯丁的長者，已經一百一十歲了，但他為了不讓腦袋放空、無所事事，便不顧身體虛弱，堅持在一家雜誌社擔任主編，同時兼管一間擁有三百多名員工的印刷公司。美國也曾有一位名叫斯鮑姆的長者，九十二歲時雖然身體虛弱，仍學著寫詩，到一百一十二歲時出版了個人詩集。百歲老人尚有如此輝煌的成就，說明人生開花並非青壯年的專利。

讀書能增長知識，陶冶性情，找到精神寄託。細心閱讀一本好書，自可領略書中深邃的意境，實屬妙不可言。讀書能引起心靈共鳴，是一種立體的聲情並茂的美學享受。醫學專家認為無論閱讀或朗誦，都能活躍思維，而且還有增強肺功能的效果，是一種健身強腦的「思緒體操」。

退休後，人們更應該要多動腦，如堅持讀報看書、繪畫、下棋，培養多種興趣愛好。研究表明，經常用腦的六十五歲老人，其腦力比不愛動腦的三十五歲年輕人還要好許多。

電腦、網路與老人，在幾年前還很難把他們聯繫在一起。如今，老年人上網的新聞屢見媒體，網路正在成為越來越多老年人獲取訊息，彼此交流溝通，同時兼任娛樂休閒的新工具與新空間。尤其當一位長者學會了使用了網路，生活就會如同「芝麻開門」，出現前所未有的新穎天地，也更容易突破孤獨的包圍。現如今仍有許多的老年人都有「鍵盤恐懼症」、「按鍵恐懼症」。不但不會使用電腦，不會自行上網，甚至不會使用數位電視機、智慧冰箱、洗衣機、微波爐和照相機，也不用利用手機寄送簡訊，不會使用數位付款。老年人生活在這個科技飛速發展的時代，就應該享受到這個科技時代帶來的一切成果和恩惠。

一位初次使用電腦的長者曾說：「電腦是好東西，它不僅充實了老年人的生活，也鍛煉了老年人的大腦。學電腦，首先要用大腦。大腦是人的神經中樞，經常活動，才能增強記憶力，保持良好的精神狀態。用電腦寫文章，十指敲擊鍵盤，這本身就是活動手指的末梢神經，使血液循環加速，有利於健康。網路上的養生保健知識非常豐富，無論是自己還是周圍的親朋好友。誰有任何不舒服，到網路上查詢便能找到許多相關知識和注意事項。」

在美國，越來越多的老年人也聘請家教，構成了老年社會一個獨特的景觀。聘請家教的老年人大多剛剛退休，精力和體力都很充沛，他們渴望學習新知識以及新技術，只為跟上日新月異的科技時代。他們的動機與其說是學習本領，倒不如說是充實平淡的晚年生活。更有不少老年人為了傳播知識、展示才華，竟在網站上建立起自己的個人主頁，成為網路裡一道新穎的趨勢。

讓老年人也來時尚一下

怎麼樣才算是時尚老人呢?有人認為穿美麗的衣服、品嘗高雅昂貴的餐點、居住在裝潢富麗的豪宅內、四處遊山玩水便是時尚老人的時尚生活。但其實,時尚老人的定義遠非如此。

時尚,首先是精神時尚,具有鮮活的時代精神。換句話說,只有精神時尚,才算真正意義的時尚。人總是要有點精神的。沒有精神就等於沒有靈魂,沒有支柱,沒有立人之本。

有一些退休者,養老金不高,甚至生活拮据,平日皆是粗茶淡飯,可他們卻十分有活力,每天都精神飽滿,心情隨時都保持樂觀積極——正是因為他們擁有一種時代精神。

時尚,不僅僅在於外表,更在於內心世界。追求時尚的一個好辦法,就是人退休了,思想不能退休,精神不能退休。老年人應該把退休時光當作第二個春天、第二個黃金時光,積極且主動讓自己融入社會,不斷學習,汲取精神營養,使自己跟上時代步伐,永立時代潮頭。

我有一位同事的母親，如今七十八歲，是一名退休醫師，她兒孫眾多，生活無憂。在衣著上很講究，摒棄那些過於灰暗的服裝風格，用豔而不俗的各式顏色衣料，為自己增添了一抹斑斕色彩，使得這位母親看上去就像一位五十多歲的人，引得許多同齡人紛紛向她投去羨慕的目光。

在對話的過程中，同事的母親對我說：「我曾和丈夫被派往一個農村的小醫院，連同子女也跟著我們一同搬遷，那裡物質貧乏，是一段非常清苦的歲月。如今退休後的生活無憂無慮，我有權利與年輕人一起體會時尚生活的各種滋味。因為有了充足的時間和精力，我可以隨時逛百貨公司、進入時裝店，我的女兒還會時不時為我買美麗的套裝。我喜歡感受時尚，不想要整天只待在家，我渴望與伴侶外出約會，吃西餐、旅遊、跳舞什麼的，這樣的生活，自己有精神，跟朋友在一起，好心情也能感染他們。」

年輕人人占領了生活的舞臺，時尚似乎已成為他們的專利。但只要老年人留心，就會發現愈來愈多的老年人已經步入了時尚的行列。在公園裡，經常會看到有老人拿著一臺相機或是手機，到處尋找美麗的景色。這些老年人的一舉一動，猶如專業攝影家；在電腦前，不少老年人瀏覽網頁、上網聊天，完全不亞於一名喜愛上網的年輕人；在家裡，部分老年人的書櫃裡擺滿了有關食物營養的書籍，在廚房裡的表現宛如專業廚師；在旅遊景點時，也不難見到老年人成雙結伴旅遊，其浪漫之情絕不輸於年輕情侶；也有部分老年人耐不住寂寞，在自家院子或是陽臺養花種菜，過起了回歸田園、享受自然的生活；更有不少老人，走進社區大學接受新知，或是繼續從事自己熟悉的工作發揮餘熱，或是醉心於琴棋書畫自娛自樂。總之，每位老年人都把自己退休後的生活節調劑得生趣盎然。

而現實中也有部分老年人，每天被一系列瑣事絆住。部分老人因為退休後心態沒有及時地調整，而充滿失落感。也有部分老人因身體不適而鬱鬱寡歡。從他們的言語和精神上，不難看出些許落寞和無奈。

其實，人們不妨「以欣然之態做心愛之事」，做到人老心不老，忘記「老」字，和現代化的生活接軌，盡情體驗生活品質提高後帶來的便利與快樂，從而把自己融入社會，縮小與年輕人的代溝，擁有一顆年輕的心，做一個快樂的時尚老年人。

當一位時尚的老年人，心境年輕，身體健康，何樂而不為呢！

電子書購買

國家圖書館出版品預行編目資料

別讓年齡剝奪你享受生活的權利：揮別空虛與孤獨感，人生的格局不應該受年齡限制，越老越要活得精采 / 傅世菱，王坤山著 . -- 第一版 . -- 臺北市：崧燁文化事業有限公司，2022.04
面； 公分
POD 版
ISBN 978-626-332-181-6(平裝)
1.CST: 老人學 2.CST: 老年 3.CST: 生活指導
544.8 111002931

別讓年齡剝奪你享受生活的權利：揮別空虛與孤獨感，人生的格局不應該受年齡限制，越老越要活得精采

臉書

作　　者：傅世菱，王坤山
發 行 人：黃振庭
出 版 者：崧燁文化事業有限公司
發 行 者：崧燁文化事業有限公司
E-mail：sonbookservice@gmail.com
粉 絲 頁：https：//www.facebook.com/sonbookss/
網　　址：https：//sonbook.net/
地　　址：台北市中正區重慶南路一段六十一號八樓 815 室
Rm. 815, 8F., No.61, Sec. 1, Chongqing S. Rd., Zhongzheng Dist., Taipei City 100, Taiwan
電　　話：(02) 2370-3310　　傳　　真：(02) 2388-1990
印　　刷：京峯彩色印刷有限公司（京峰數位）
律師顧問：廣華律師事務所 張珮琦律師

定　　價：350 元
發行日期：2022 年 04 月第一版
◎本書以 POD 印製